中國鐵道火車百科 II

The Illustrated Handbook
of
China Railway Rolling Stock

蘇昭旭

人人出版

中國鐵道路線圖

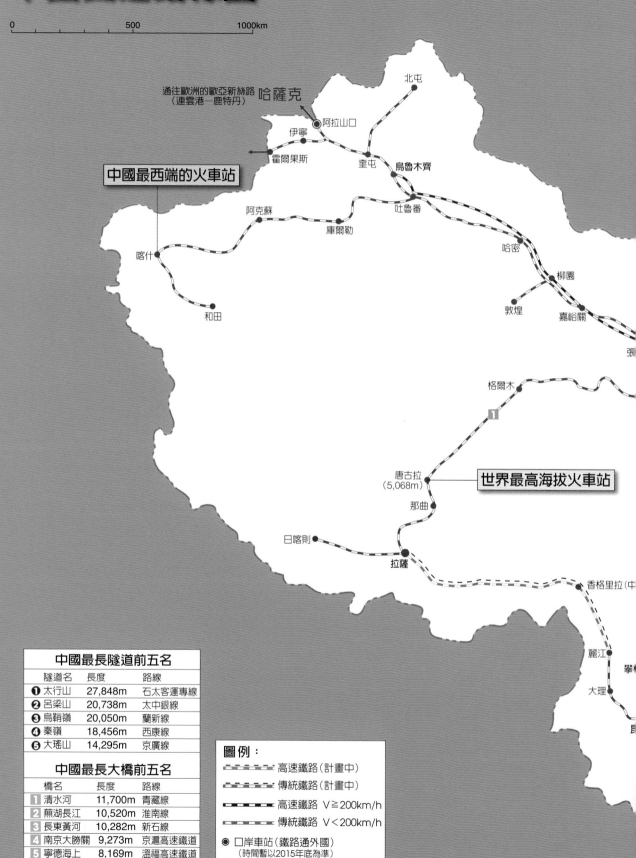

0   500   1000km

通往歐洲的歐亞新絲路 哈薩克
（連雲港—鹿特丹）

北屯

阿拉山口

伊寧

霍爾果斯

奎屯　烏魯木齊

中國最西端的火車站

阿克蘇　　吐魯番

庫爾勒

哈密

喀什

柳園

和田

敦煌　嘉峪關

張

格爾木

1

唐古拉　　**世界最高海拔火車站**
（5,068m）

那曲

日喀則

拉薩

香格里拉（中

麗江

攀枝

大理

中國最長隧道前五名

隧道名	長度	路線
❶ 太行山	27,848m	石太客運專線
❷ 呂梁山	20,738m	太中銀線
❸ 烏鞘嶺	20,050m	蘭新線
❹ 秦嶺	18,456m	西康線
❺ 大瑤山	14,295m	京廣線

中國最長大橋前五名

橋名	長度	路線
1 清水河	11,700m	青藏線
2 蕪湖長江	10,520m	淮南線
3 長東黃河	10,282m	新石線
4 南京大勝關	9,273m	京滬高速鐵道
5 寧德海上	8,169m	溫福高速鐵道

圖例：

高速鐵路（計畫中）
傳統鐵路（計畫中）
高速鐵路 V≧200km/h
傳統鐵路 V＜200km/h
◉ 口岸車站（鐵路通外國）
（時間暫以2015年底為準）

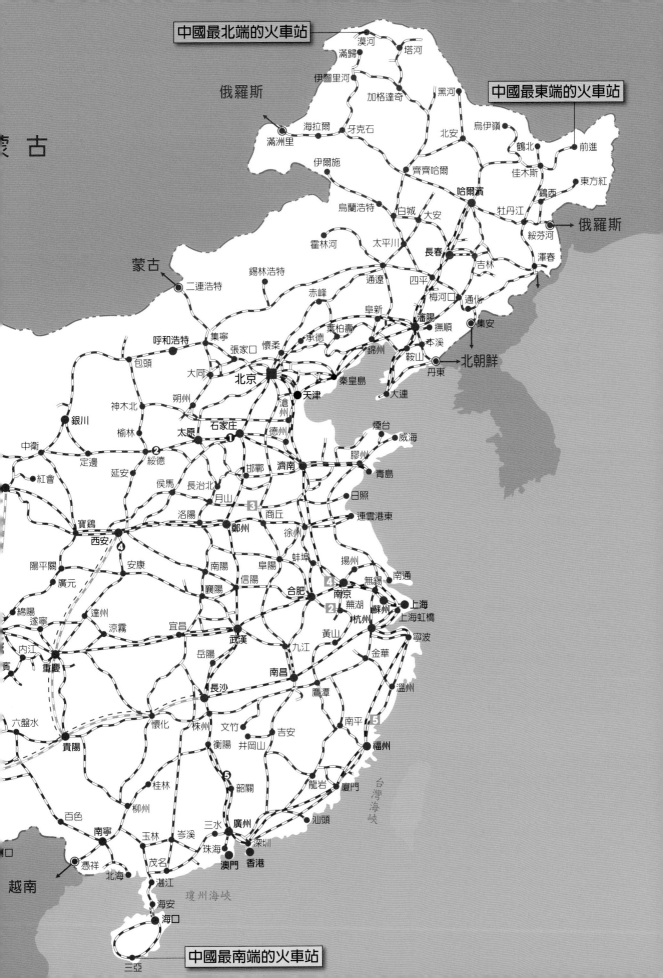

中國最北端的火車站

中國最東端的火車站

俄羅斯

蒙古

蒙古

俄羅斯

北朝鮮

越南

中國最南端的火車站

漠河
滿歸
伊圖里河
塔河
加格達奇
黑河
烏伊嶺
前進
海拉爾
牙克石
鶴北
東方紅
滿洲里
伊爾施
齊齊哈爾
北安
佳木斯
鶏西
哈爾濱
牡丹江
烏蘭浩特
白城
大安
長春
吉林
綏芬河
霍林河
太平川
四平
渾春
錫林浩特
通遼
梅河口
通化
赤峰
阜新
瀋陽
撫順
集安
二連浩特
葉柏壽
錦州
本溪
呼和浩特
集寧
承德
鞍山
張家口
懷柔
丹東
包頭
大同
北京
秦皇島
神木北
朔州
天津
大連
銀川
榆林
太原
石家莊
滄州
煙台
威海
中衛
綏德
德州
膠州
定邊
邯鄲
濟南
青島
紅會
延安
侯馬
長治北
日照
寶鶏
月山
商丘
連雲港東
洛陽
鄭州
西安
徐州
陽平關
安康
蚌埠
揚州
南通
廣元
南陽
阜陽
信陽
南京
無錫
綿陽
襄陽
合肥
蕪湖
上海
遂寧
達州
涼霧
宜昌
蘇州
上海虹橋
內江
武漢
黃山
杭州
寧波
賓
重慶
岳陽
九江
金華
長沙
南昌
鷹潭
溫州
六盤水
懷化
株洲
文竹
吉安
南平
貴陽
衡陽
井岡山
福州
桂林
韶關
龍岩
廈門
柳州
台灣海峽
百色
三水
廣州
汕頭
南寧
玉林
岑溪
憑祥
茂名
珠海
深圳
北海
湛江
澳門
香港
海安
瓊州海峽
海口
三亞

《中國鐵道火車百科》II・目錄CONTENTS

序 大國重器 器重山河——打開中國鐵道視野的大格局

第五章 中國鐵道的電力機車Electric Locomotive

第六章 中國鐵道的動車組 EMU/DMU

（本書除特別註明作者外，圖片均為作者所攝）

序 大國重器 器重山河──打開中國鐵道視野的大格局

您了解中國的鐵道嗎？您可知道中國鐵道史，也包含中華民國鐵道史，1912至1949年這一塊嗎？

相信對多數台灣民眾而言，答案不會是肯定的，覺得只要了解台灣的鐵道就好，對於這個問題，甚至會帶有成見的排斥。其實，回顧中國與台灣的鐵道史，海峽兩岸的鐵道歷史，有著密不可分的故事情節，對於台灣民眾而言，這是面對歷史不能忽略的一頁。

首先，在歷史人物部分，從台灣的劉銘傳到中國的詹天佑，都是在清代，為鐵路建設寫下了不朽的史頁。其次，在歷史事件部分，從1894年的甲午戰爭到1904年的日俄戰爭，都是在戰爭以後，對兩岸鐵路發展，留下了深遠的影響。

1894年，清廷甲午戰爭戰敗，1895年台灣交由日本統治，台灣進入了五十年的日治時期。1899年至1908年，日本完成台灣西部縱貫線鐵路，開啟了台灣鐵路營運的歷史新頁，無可否認地，日本對台灣鐵路的建設發展，對台灣鐵路的現代化影響至深。相對的在中國東北，十年後1904年，日俄戰爭爆發，1905年戰爭結束，中國東北成為日本的勢力範圍，並且佔領了大連，成立關東州，開啟了大連四十年的日本統治歲月。這也是舊大連火車站與舊台北火車站，包含的街道與歷史建築，有高度相似的主因。海峽兩岸的鐵道歷史，有前人建設的艱辛，也有戰爭歷史的遺跡，這正是兩岸鐵道史共同的一頁。

1906年，南滿州鐵道株式會社成立，中國的東北進入了滿鐵時代。鐵道建設主導權，從俄國轉落日本的手中。日本以標準軌距建設東北地區，並修改中東鐵路南支線，長春至旅順的軌距，使其標準軌化。此時滿州鐵道蒸汽機車的編號規則，對後來影響極深，這套作業規則，一直到1949年新中國誕生才告一段落。1931年，九一八事變爆發，日軍攻擊瀋陽，並取得整個東北，扶持偽政權滿州國。此時中國東北的鐵道建設，沿襲滿鐵時代的建設基礎，許多蒸汽機車也急遽成長。最有名的故事，莫過於1934年亞洲速度最快的火車亞細亞號，成為世界鐵道史上重要的一頁。

1949年之後，海峽兩岸分治，成了歷史的事實。兩岸曾經處於劍拔弩張的狀態，期待統一對方，火車名稱曾經是「光華、自強、莒光、復興」等等，在那個反共抗俄的年代，這樣的名稱有其歷史意涵。在海峽的對岸中國，他們的火車也有這種政治文化，蒸汽火車名稱有「勝利、前進、解放、上游」等等，當年兩岸的柴電機車前方，習慣性要有的V形線條，代表勝利Victory。無疑地，這些故事，都是當代的背景使然，與歷史的寫照，這是兩岸鐵道史分隔的一頁。

1990年代開始，台灣解嚴，中國開放，兩岸火車的名稱，不約而同，都進化了。2007年中國出現「和諧號」，台灣出現「太魯閣號」，海峽兩岸，開始有社會導向與觀光導向的火車名稱，不再那樣嚴肅刻版，原來火車的名稱，真的是社會氛圍與時代背景的一面鏡子。儘管海峽兩岸的鐵道名辭，有許多的不同，這是兩岸分隔許久的文化差異。不過，無論台灣與中國有多少差異，有一點絕對是共通的，6月9日的鐵路節，是台

灣與中國，海峽兩岸共通的鐵路節。

其實在台灣的教育，我們從小讀孫中山先生的三民主義，讀中華民國憲法，持中華民國護照，身為中華民國的國民，只是知道中華民國，是起源於1911年的辛亥革命，卻未必知道辛亥革命的成功，中華民國誕生，其實跟火車鐵道有關。許多人並不知道，1911年四川辛亥秋保路死事紀念碑，碑座篆刻的浮雕，竟然是火車、鐵軌、號誌、轉轍器？還有，國父孫中山先生鼓吹三民主義，提出鐵路為強國之第一要，他還當過中華民國的鐵道部長呢！

還有，中國與台灣有許多相同的火車，都在歷史交集的長河裡，只是我們不知道而已。例如台灣阿里山鐵路的Shay蒸汽機車，中國的京綏鐵路也有相同的Shay蒸汽機車，今日海峽兩岸鐵道，相同來自日本的蒸汽火車有三種，包含台鐵的CK120型、DT580型，與總督府鐵道部100型。日本先送到中國，輾轉送到台灣的蒸汽火車，也有三種，包含台鐵的CK80型、CT230型，與總督府鐵道部120型。因為海峽兩岸，從甲午戰爭，到日俄戰爭，兩岸共同經歷了戰火的傷痕。這些火車是歷史的交集，也是苦難的印記，裡面有多少故事，其實都藏在這些火車裡。

如今二十一世紀，隨著海峽兩岸交流的頻繁，台灣民眾來到中國旅行的人次愈來愈多，搭乘火車、地鐵等交通運輸工具的機會大增，鐵道相關名詞與旅行常識，因為文化背景的差異，而有所不同。然而，我們都是平凡人，常人因為不了解而有誤解，因為有誤解而有成見，因為有成見而有衝突，

因為資訊不足，使得兩岸人民，活在「各自解讀」的封閉世界裡。所以，在我的心中浮現一個理想，好好地為中國鐵道寫一套工具書，鉅細靡遺，又能深入淺出，讓我們真的去了解對岸中國的鐵道，打開這個封閉的世界，讓我們因為了解、理解，得到知識與成長，這是一件多麼重要的事，從而化解成見，避免衝突，這也是多麼大的功德。

從2006年開始，我投入本書的研究與籌劃工作，如今2015年底，一轉眼已經十年。相信針對這個主題，就理想性而言，是相當地崇高，然而就通俗出版的現實而言，有很大的困難，這也就是為何在海峽兩岸，一直沒有這種書的原因。在對岸與香港，這種書的出版，有其現實限制的因素，不多贅述，在台灣的環境，不友善的因素，相信有許多讀者，會莞爾一笑。

誠然，台灣的鐵道迷，喜歡本土議題與日本鐵道，在書市都是熱門的主題，而歐洲鐵道乃至於環遊世界，書市就萎縮非常的多，何況是冷門的中國的鐵道，所以，通俗出版的領域風險很大。因為，撰寫中國的鐵道，作者的史觀要客觀中立，必須持平而論，不卑不亢，但是一定不免涉及對岸交通建設的成就議題，整個社會的氛圍，就怕有人會扣紅帽子，藉機醜化攻擊，所以大家識時務者為俊傑，避之唯恐不及。其次，在學術研究的體系，台灣長年以來的制度，都是鼓勵學者投稿美國SSCI或SCI，以取得研究經費與學術升等的依據，針對對岸交通議題的研究，不在投稿SCI的範圍，老師沒有經費申請也無法升等。因此，除非是傻子或是

理想主義者，誰會去寫容易惹來非議，無利可圖，而且可能賣不好，吃力不討好的著作呢？

然而，這個社會還是需要傻子或是理想主義者，不能每個人都去現實媚俗，這只會造成熱門主題的資源過度投入，而冷門的議題知識奇缺。今日中國鐵道已經擁有世界第二大鐵道路網，世界最大的高鐵路網，世界海拔最高的鐵路，世界大眾捷運都市總數目最多的國家。不論鐵路是與天爭高，還是與風競速，中國鐵道的建設與成就，已經大到了不能忽視的程度了，誠如標題所言，鐵道建設，裨益民生，大國重器，器重山河。不論你願不願意去了解，它還是繼續在發展進步中，而且對全球鐵道的影響力愈來愈大，這個議題的研究出版，不能沒有人投入啊！

這麼大的研究主題，這麼沉重的理想，單憑個人的力量，何其微弱！十年逐步累積能量，何其漫長！研究與工作兩頭燒，何其艱難！尤其寫書是淬煉一個人的靈魂，作者只能投入其中，渾然忘我，才能忘記現實的牽絆，勇往直前。反之，就是環境有這麼多不友善的因素，才能考驗一個學者真誠的理想。而中國鐵道火車百科，它的內容太多，絕對不是一本書所能寫完的。眼前先針對車輛的部分，出版第一集與第二集，未來如果能夠得到認同，後續針對其他鐵道的研究與旅行的領域，繼續出版以饗讀者。而且它的領域龐大，不可能面面俱到，著書必須有所精簡取捨，也希望讀者能夠諒解。

在撰寫中國鐵道火車百科的過程中，以蒸汽火車這個單元，工程最為龐大。有許多中國蒸汽火車已經消失，我必須走遍世界，去找那些消失的火車。我除了走遍大江南北，中國的北京、瀋陽、上海、雲南、香港的鐵道博物館以外，我還前往俄羅斯莫斯科與聖彼得堡，拉脫維亞，美國巴爾的摩，韓國首爾，日本東京，歐洲國家如英國，法國，西班牙，德國，波蘭，匈牙利，中亞土耳其等地，才能將本書完成。我像是考古學家，在拼湊歷史的拼圖，又好像生物學家，在拼湊生物族群的體系。天涯萬里行，唯有星星知我心。

這本書能夠完成，我真誠地感謝許多人的協助，感謝中國鐵道博物館前副館長賈本義，館長李春冀、正陽門館館長張金根、副館長季海濱，與博物館群多位中國鐵道研究學者的協助。讓我深入鐵道博物館內紀錄，並派專車帶我進入鐵道機務段拍攝，感謝賈本義先生提供許多歷史書籍資料讓我熟讀，對我研究撰寫本書的幫助很大。感謝雲南王福永先生，提供滇越鐵路的歷史資料，感謝曾翔先生，提供許多珍貴相片與資料，他才是中國鐵道的專家。在這條十年的著作道路上，有太多要感謝的人，雖然礙於許多因素，無法在此一一公開列出，然而在此，我表達真誠的謝意。

在此，我要感謝人人出版甘雅芳對於編輯內容過程繁複的包涵，我更要感謝人人出版周元白總經理，在這十年歲月，十多趟深入中國的鐵道出差旅程，給了研究經費預算的支持，讓我可以沒有後顧之憂，全心全意投入，去完成這個著作的理想。我很確定的說，沒有你們背後的支持，我的理想永遠是空想，如果這本書，對於兩岸鐵道知識的理解與交流有所貢獻，以上各位，才是寫下歷史的最大功臣。

期待本書的誕生，

理解兩岸鐵道的比較，

用瞭解代替對立，

以化解兩岸鐵道文化的歧異，

誠如標題所言，

大國重器，器重山河，

鐵道建設，裨益民生，

一起打開中國鐵道視野的大格局。

蘇昭旭

2015年作者與北京中國鐵道博物館李春冀館長合影

2015年蘇昭旭的著作成果與繁體中文鐵道工具書體系的規劃

主題	分類	立足台灣 鑑往而知來	放眼天下 建立國際觀
鐵道車輛與基礎科學	高速鐵路1435mm	台灣鐵路火車百科 1999版 2009版 2014版	高速鐵路新時代 世界高速鐵路百科
	捷運鐵路1435mm		現代軌道運輸（絕版） 世界捷運與輕軌圖鑑
	傳統鐵路 1067mm 1435mm		世界鐵道與火車圖鑑 中國鐵道火車百科 I II
	輕便鐵道762mm以下	台灣輕便鐵道小火車	全球輕便鐵道大觀與東線輕便 鐵道之再生（政府出版品）
	山岳鐵道762mm	阿里山森林鐵道 1912-1999（車輛篇） 阿里山森林鐵路百年車輛史 （政府出版品）	羅東林鐵 蒸情記憶（政府出版品） 阿里山森林鐵道與世界遺產鐵路巡禮 （政府出版品）
鐵道文化與觀光資源	阿里山森林鐵路	阿里山森林鐵道 1912-1999（景觀篇） 阿里山森林鐵路傳奇 阿里山森林鐵路百年紀實 （政府出版品）	世界山岳鐵道（美亞澳篇） 世界山岳鐵道（歐洲篇） 阿里山森林鐵路的故事 阿里山森林鐵路與百大山岳鐵道 （政府出版品）
	台灣鐵路的路線	台灣鐵路環島風情 （西部幹線篇）（東線支線篇） （特殊路線篇） 台灣鐵道經典之旅 （地方鐵路篇）（環島鐵路篇）	世界鐵道觀光系列 日本鐵道經典之旅160選 環遊世界鐵道之旅120選 中國鐵道經典之旅（計畫）
	台灣鐵路的車站	台灣鐵路車站圖誌 已經過時（即將改版）	世界的火車站（計畫）
保存鐵道與文化資產	蒸汽火車與歷史	台灣鐵路蒸汽火車 已經過時（即將改版）	世界的蒸汽火車（計畫）
	鐵道歷史與文化	台鐵憶舊四十年（絕版）	世界的保存鐵道（計畫）
	鐵道博物館規劃 與歷史文物保存	老火車再現風華（絕版）	世界的鐵道博物館（計畫）

（本書除註明者外，圖文皆為作者所攝影和撰述，如有訛誤，尚祈各界先賢不吝指正。）

5

中國鐵道的電力機車

Electric Locomotive

上海站裡的韶山9改型（SS9G）電力機車，牽引25T型客車即將啟航。

5-1 認識中國鐵道的電力機車

　　中國電力機車可以分成三大類，傳統的韶山型SS直流電力機車，少部分進口的電力機車，與新世代的和諧型HXD交流電力機車。

　　從1958年起，中國研製第一代韶山型電力機車，當時因為地緣政治的因素，受俄羅斯VL60型電力機車的影響很大，傳統的韶山型SS電力機車正式誕生，開啟了中國鐵路直流電力機車的發展史。尤其是寶雞到成都的寶成線，與成都到昆明的成昆線鐵路，都是中國最早電氣化的山岳鐵路，山高路險，坡度大，曲線半徑又小，火車牽引客貨運翻越山嶺極為不易，也成為中國鐵路電力機車的試驗場。

　　如今中國最經典的雙節八動軸的電力機車，韶山SS4G型依然還在成昆線鐵路上奔馳。四十年過去了，中國鐵路電氣化的路線愈來愈多，韶山型SS電力機車也不停地增加，到2003年韶山9G型電力機車為止，對中國鐵路貢獻良多。

　　1990年代，當中國經過幾次全國鐵路大提速，仿效的也就是德國鐵路的漸進模式，鐵路高速化，不是只有專注於高速新線的興建，同時兼顧傳統鐵路的提速。因此，中國的傳統鐵路高速

北京機務段裡的傳統直流電力機車群，韶山8型 、7E型、 9G型，顏色五彩繽紛。

中國的新一代交流電力機車，和諧電HXD3C型電力機車。

化，不只在客運運輸的實績提升，同樣也應用於高速貨運物流系統。例如牽引客車用的韶山9型機車，最高時速可以達到200公里。因此，對於電氣化的路段，也可以提高客貨列車運行速度產生「經濟效益」。

　　2007年起，自從中國高鐵通車以後，世界速度最快、運輸里程最長、成長速度最快速的高鐵，成為國家榮耀的標竿。為了提高使用率，鼓勵大家去搭乘高鐵，傳統火車的班次也就變少了。可以想見，這樣的消長，高鐵排擠效應

十分明顯，高鐵成為主力市場，對於仰賴傳統鐵路的客貨運使用者，並不公平。為了避免出現類似這種情形，增加傳統鐵路競爭力，避免產生「排擠效應」。因此，為傳統鐵路的提速而配套生產的高速電力機車，幹線營運速度可達160-200公里，出現許多功率超強的交流電力機車，用於客運例如「和諧電」HXD3D型，牽引長途客運列車，營運時速可達160公里。

2004年起，中國比照CRH和諧號電聯車的研發模式，以不同的外資技術與本土製造技術結合，產生一系列的和諧電HXD交流變頻電力機車。包含和諧電HXD1型系列電力機車，是來自德國西門子Euro sprinter「歐洲短跑選手」的技術；和諧電HXD2型電力機車，是參考法國亞斯通Prima型的電力機車；和諧電HXD3型電力機車，是來自日本東芝的技術，參考日本EH500型的雙節電力機車所研發；和諧電HXD3B、3C型電力機車，是來自瑞典與加拿大龐巴迪的技術，參考瑞典鐵路IORE100型LKAB電力機車。

因此，二十世紀初，世界四大鐵道技術集團，德國Siemens、法國Alstom、日本東芝Toshiba、加拿大Bombardier的技術進入中

中國第一代直流電力機車，1958年研製的韶山SS1型電力機車。

中國研製韶山型電力機車，受俄羅斯VL60型電力機車的影響很大。

國，結合中國的本土製造廠的生產力，創造了中國鐵道的和諧新時代。包含內燃機車（交流柴電機車）的HXN「和諧燃」，交流電力機車的HXD「和諧電」，高速電力動車組（交流電聯車）的CRH和諧號，三種和諧的車輛（Rolling stock），HXD和諧電也不過是其中之一而已。

從此中國鐵道在鐵道技術水平上與世界科技同步，不僅滿足日益蓬勃的內需市場，更擁有出口的實力。此時，中國鐵道已經站在世界舞台上，耀眼亮眼，成就已不可忽視。

中國研製和諧HXD3型電力機車，曾經參考日本EH500型的雙節電力機車。

中國電力機車史上，最經典的雙節八動軸的電力機車，韶山SS4G型。

5-2 中國鐵道電力機車的編號規則

中國鐵道電力機車，中國電力機車可以分成三大類，傳統的韶山型SS直流電力機車，少部分的進口直流電力機車，與新世代的和諧型HXD交流電力機車。

電力機車跟其他類型的火車相類似，在早年研發的階段，當時的編號規則較不成熟，以羅馬拼音為主，例如直流6Y1型、交流DJ1型等等。這樣的情形，後來有了明顯的改善，傳統的國產的直流電力機車，一律命名為SS韶山型，少部分的進口直流電力機車，以羅馬拼音為主。新世代國產的交流變頻電力機車，一律命名為和諧型HXD型。

國產的交流電力機車，以和諧電HXD型為代號，本圖為HXD3B型。

```
中國鐵道
電力機車
Electric Locomotive
├── 國產直流電力機車
│   研發期 6Y1
│   韶山型 SS
├── 國產交流電力機車
│   研發期 DJ2
│   和諧型 HXD
└── 進口電力機車
    6Y2
    6G 6G1 6K
    8G 8K DJ1
```

中國鐵道電力機車的編號規則表

英文代號	SS	HX	D	Y	G	K	J
中文涵義	韶山	和諧	電力機車	引燃管	矽控整流	閘流管控	交流變頻

國產的直流電力機車，以韶山SS型為代號，本圖為SS8型。

以下將電力機車的編號規則，簡單整理如下：

阿拉伯數字代表動力車軸數，例如6代表6軸動力，8代表8軸動力。

Y取音為引，用於直流電力機車，代表傳統引燃管（Ignitron），是一種單陽極的汞弧型整流管，主要應用於傳統電流控制器和大功率整流器。

G取音為整，用於直流電力機車，代表矽半導體的整流（Rectifier），利用橋式整流器控制整流電路供電，實現相位無段調壓控制，與恆電流牽引。就技術層次而言，G比Y來得進步。

K取音為控，用於直流電力機車，代表的閘流管晶體（Thyristor）的控制。指的是具有四層交錯P、N層的半導體裝置，有些單

指SCR矽控整流器（Silicon Controlled Rectifier，SCR）；也泛指具有四層或以上交錯P、N層的半導體裝置，如單向晶閘管（SCR）、雙向晶閘管（TRIAC）、可關斷晶閘管（GTO）、SIT、及其他種類等功率電子零件。就技術而言，K比G來得進步。

依據以上的編號規則，不難理解所謂的6Y1、6Y2型，就是6動軸直流引燃管控制電力機車，而6K型，就是6動軸直流閘流管控制電力機車，DJ1、DJ2型即是交流變頻電力機車等等，這些多數都是以進口電力機車為主。

在韶山電力機車系列陸續出現以後，中國電力機車的編號，就變得比較單純化，也就是以SSN為主。不過，從此也很難從編號的技術，看出車輛的種類，車軸從四軸到十二軸，五花八門，僅能從同一個編號，看出是一個時代的作品。然而，即使是同一個編號，製造的年代與車軸的組態，可能會有極大的不同。例如1992年研發的SS7韶山7型是Bo-

中國1958年第一代自主研發，韶山SS1型的電力機車模型。（筆者的交通科學技術博物館）

中國韶山型直流電力機車的基本資料表

（依時間排列）

車輛名稱	製造年(西元年)	車軸配置UIC	營運速度(km/h)	牽引功率(KW)	主要的研發與製造廠家
6Y1 韶山1型	1958年	Co-Co	90	3780	株洲電力機車廠
韶山2型	1969年	Co-Co	100	4440	田心機車車輛廠
韶山3型	1978年	Co-Co	100	4350	株洲電力機車廠　大同機車廠
韶山4型	1985年	Bo-Bo+Bo-Bo	100	6400	株洲電力機車廠 大同機車廠　資陽機車廠
韶山5型	1990年	Bo-Bo	140	3200	株洲電力機車廠
韶山6型	1991年	Co-Co	100	4800	株洲電力機車廠
韶山7型	1992年	Bo-Bo-Bo	100	3780	大同機車廠
韶山8型	1997年	Bo-Bo	170	3600	株洲電力機車廠
韶山7C型	1998年	Bo-Bo-Bo	120	3780	大同機車廠
韶山7E型	2001年	Co-Co	170	4800	大同機車廠　大連機車車輛廠
韶山9型	2001年	Co-Co	170	4800	株洲電力機車廠
韶山3B型	2002年	Co-Co+Co-Co	100	9600	株洲電力機車廠　大同機車廠
韶山9G型	2003年	Co-Co+Co-Co	170	4800	株洲電力機車廠

Bo-Bo，2001年出廠的SS7E韶山7E型變成Co-Co，營運時速也從100公里大幅提升至170公里。

從2004年起，世界四大鐵道技術集團的技術進入中國，結合中國的本土製造廠的生產力，創造了中國鐵道的HXD「和諧電」，交流電力機車的和諧新時代，這些技術成熟量產的電力機車，有一套自己的編號規則。四大鐵道技術集團分居旗下，HXD1為德國技術，HXD2為法國技術，HXD3則為日本與龐巴迪技術。

HXD和諧電的編號，一開始並沒有尾數，包含HXD1、HXD2、HXD3三種。一開始研發，HXD都是定位在時速120公里，9600千瓦的貨運專用機車，仍處於各自研發的階段，並未統一。HXD1、HXD2都是八軸Bo-Bo+Bo-Bo二重連的電力機車，可牽引龐大的貨運車隊，然而HXD3則是六軸Co-Co的電力機車，與前面兩者，截然迴異。

然而，隨著HXD和諧電的大量生產，並且從外資技術轉移到國產平台，尾數就開始有規則性，HXD1、HXD2、HXD3三種也趨於統一。例如尾數為B是9600千瓦時速120公里等級的六軸貨運用機車，尾數為C是7200千瓦時速120公里等級的六軸客貨運兩用機車，尾數為D是7200千瓦時速160公里等級的六軸准高速客運機車，尾數為EF是9600千瓦的120公里等級的八軸貨運高承載機車等。

昔日撫順電鐵的電力機車333號，車軸配置為Bo+Bo+Bo。（曾翔 攝）

中國和諧型交流電力機車的資料表

類別	車輛名稱	製造廠家與車軸配置	車輛名稱	製造廠家與車軸配置	車輛名稱	製造廠家與車軸配置
9600千瓦貨運專用機車	HXD1	德國西門子公司 南車株洲電力機車 南車資陽機車公司 Bo-Bo+Bo-Bo	HXD2	法國Alstom 大同電力機車廠 Bo-Bo+Bo-Bo	HXD3	日本東芝公司 大連機車車輛廠 大同機車車輛廠 北京二七軌道裝備廠 Co-Co
9600千瓦貨運機車	HXD1B	株洲電力機車 Co-Co	HXD2B	大同電力機車廠 Co-Co	HXD3B	大連機車車輛廠 龐巴迪運輸集團 Co-Co
7200千瓦客運貨兩用機車	HXD1C	株洲電力機車 南車資陽機車公司 Co-Co	HXD2C	大同電力機車廠 Co-Co	HXD3C	大同機車車輛廠 北京二七軌道裝備廠 Co-Co
7200千瓦准高速客運機車	HXD1D	株洲電力機車 Co-Co	HXD2D	大同電力機車廠 Co-Co	HXD3D	大連機車車輛廠 Co-Co
9600千瓦貨運機車	HXD1F	株洲電力機車 Bo-Bo+Bo-Bo	HXD2F	大同電力機車廠 Bo-Bo+Bo-Bo	HXD4F	大連機車車輛廠 Bo-Bo+Bo-Bo

備註：尾數為B是9600千瓦時速120公里等級的六軸貨運用機車。　尾數為C是7200千瓦時速120公里等級的六軸客貨運兩用機車。
尾數為D是7200千瓦時速160公里等級的六軸准高速客運機車。　尾數為EF是9600千瓦的120公里等級的八軸貨運高承載機車。

以上的編號規則，都是以鐵道部的車輛為準，至於地方鐵道的電力機車，就是由地方鐵道自行規定。例如撫順電鐵的電力機車，還有四川的嘉陽煤礦等762mm軌距的電力機車，則不在此一範圍內。

5-3 中國鐵道與台灣鐵道的電力機車之差異比較

談到中國鐵道與台灣鐵道的電力機車之差異比較，這是一個令人感傷，卻又不得不面對的話題。

從1979年起，台灣鐵路西部幹線電氣化，從基隆到高雄，莒光號普遍以美國GE公司進口的E200-400型牽引運行，營運時速120公里，當時台灣已經擁有功率強大的直流電力機車。當時中國的鐵道電力機車，仍維持在韶山3型的時代，4350KW的出力，營運時速100公里，彼此實力都還伯仲之間。

但是，過了這一年之後，中國不停地自主研發，形式多元，能力不停地進步，台灣鐵路因為沒有本土鐵道科技研發的舞台，一直維持原地踏步。即使1996年台灣從韓國進口E1000型VVVF交流變頻的機車，電力機車還是仰賴進口。加上高速公路的競爭，貨運的衰頹，除了客運還有成長之外，鐵道競爭力的下滑，是不爭的事實。這也造成台灣的電力機車，一直維持四十年前美國GE老舊車隊，E200-400型直流電力機車的情況，而第一代的英國製E100型，早已經退役。

中國和諧電HXD型交流變頻電力機車，這是目前台灣所沒有的先進世代。

台灣從1978年一直使用迄今，台鐵E200-400型直流電力機車。

相較於台灣，從2004年起，隨著中國傳統鐵路的大提速，中國鐵道電力機車有了很大的變革，世界四大鐵道公司德國西門子、法國亞斯通、日本東芝等、加拿大龐巴迪的技術進入中國，創造了中國「和諧電」HXD交流電力機車的新世代。超大功率的交流變頻電力機車出現，包含9600KW的牽引功率，營運時速170公里以上的交流電力機車也陸續量產，中國電力機車進入貨運高承載，客運準高速的新時代。如今中國還將HX3D型1893號，命名為新版的毛澤東號，以取代舊版蒸汽機車的毛澤東號。這些中國研製和諧電交流變頻電力機車，是目前台灣所沒有的先進世代。

海峽兩岸的電力車存在若干差異，除了和諧系列的交流電力機車之外，中國也有一些類似日本EF系列的電力機車，車軸配置為Bo+Bo+Bo六軸，以利於鐵路曲線過彎，這是台灣所沒有的電力機車類型。

此外，中國也有762mm軌距，工礦用窄軌小型電力機車，如今在四川嘉陽煤礦的石溪站，仍然可以見到。台灣的762mm軌距鐵路很多，但是並沒有電氣化，這也是台灣所沒有的電力機車。

中國鐵道與台灣鐵道的電力機車之差異比較表

單元	中國鐵道	台灣鐵道(台鐵)
主要軌距	1435mm 762mm	1067mm
直流電力機車	SS韶山型	E100-400型
交流電力機車	HXD和諧電型	E1000型
最高營運速度	170 km/h	130 km/h
進口來源	日本 法國 奧地利 俄羅斯	美國 英國
自製能力	很高	無
出口能力	很強	無
車軸配置 種類UIC	Bo-Bo Co-Co Bo-Bo-Bo Bo-Bo+Bo-Bo Co-Co+Co-Co	Bo-Bo Co-Co

（註）台灣鐵道系列的分類，在此從略，請參閱台灣鐵路火車百科。

隴海鐵路韶山SS7C型電力機車，車軸為Bo+Bo+Bo六軸，以利鐵路曲線過彎。
（曾翔 攝）

毛澤東誕生於1893年，在2013年，中國將HXD3D型1893號電力機車，命名為新版的毛澤東號，以取代舊版蒸汽機車的毛澤東號。

中國國產的直流電力機車 DC Electric Locomotive　1435mm軌距

5-4 SS1 SS2韶山1型2型電力機車——Co-Co

從1958年起，中國研製第一代韶山SS1型電力機車，由株洲電力機車廠生產製造。韶山型SS電力機車正式誕生，開啟了中國鐵路直流電力機車的發展史。

當時因為地緣政治的因素，SS1型受俄羅斯VL60型電力機車的影響很大。韶山1型電力機車，其Co+Co六軸轉向架的懸吊系統，與俄羅斯的電力機車相似，主懸吊為外掛式下承型結構，屬於早期的直流電力機車。

SS1型電力機車原名為6Y1，6代表6軸，Y取音為引，用於直流電力機車，代表傳統引燃管（Ignitron），主要應用於傳統電流控制器和大功率整流器，最高營運時速90公里。目前韶山1型電力機車已經正式退役，韶山1型機車SS1-008號，保存於中國鐵道博物館。

此外，1969年由田心機車車輛工廠研製SS2韶山2型，相較於SS1韶山1型，參考俄羅斯VL60型電力機車，而SS2韶山2型，乃參考法國6Y2型電力機車，最高營運時速100公里。然而僅僅製造一部，並未全面量產，成為曇華一現實驗性質的直流電力機車。

SS1 SS2韶山1型2型電力機車的資料表

車輛名稱	製造年(西元年)	車軸配置UIC	營運速度(km/h)	牽引功率(KW)	製造廠家	生產數目
SS1韶山1型	1958年	Co-Co	90	3780	株洲電力機車廠	826
SS2韶山2型	1969年	Co-Co	100	4440	田心機車車輛工廠	1

韶山1型電力機車保存於中國鐵道博物館。

中國研製韶山SS1型電力機車，乃參考俄羅斯VL60型電力機車的結構進行仿製。

中國第一代韶山SS1型電力機車模型，注意其Co+Co六軸轉向架。筆者的交通科學博物館模型。

5-5 SS3韶山3型電力機車──Co-Co

1435mm

1978年，中國鐵道研發的韶山3型電力機車，參考的原型車為法國6G型電力機車。由株洲電力機車廠、大同機車廠、資陽機車廠、太原機車車輛廠所生產製造，牽引功率提升至4350千瓦，最高營運時速100公里。當時韶山3型電力機車，運用於寶雞到成都的寶成線，與成都到昆明的成昆線鐵路，這兩條都是中國最早電氣化的山岳鐵路，山高路險，坡度大，曲線半徑又小，火車牽引客貨運翻越山嶺極為不易，時勢所趨，遂成為中國鐵路早期研製電力機車的試驗場。

1992年，經過改進後的韶山3型電力機車稱為韶山3型4000系，自1992年開始大量生產。到2006年，韶山3型4000系列合計產量達到836台。韶山3型4000系機車早期曾被稱為「韶山3B型」，但未獲鐵道部批准採用新型號，官方規範的命名仍沿用韶山3型。而正式的韶山3B型電力機車，是從2002年開始生產的韶山3B型雙機重聯電力機車。不過，中國的鐵路愛好者對前者用「小3B」，後者用「大3B」的稱呼以示區別，如今在南昆鐵路、成昆鐵路、寶成鐵路，依然可以見到這一款古典的SS3型電力機車。

SS3韶山3型電力機車的資料表

車輛名稱	製造年(西元年)	車軸配置UIC	營運速度(km/h)	牽引功率(KW)	製造廠家	生產數目
SS3韶山3型	1978年	Co-Co	100	4350	株洲電力機車廠 大同機車廠	772
韶山3型4000系	1992年	Co-Co	100	4350	資陽機車廠 太原機車車輛廠	836

南昆鐵路上牽引油罐車的韶山3型電力機車。

韶山3型4000系電力機車在成昆鐵路上運行。

第一部韶山3型0001號電力機車，保存於中國鐵道博物館東郊館。

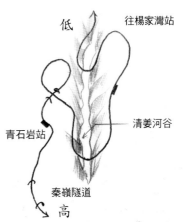

韶山3型電力機車的駕駛座，可以看見許多傳統電磁指針式儀表。

Box | 寶成鐵路——
中國電力機車的試驗場所

寶成鐵路是中國第一條電氣化鐵路，觀音山站鐵路盤山展線尤其精采，就是鐵道越秦嶺，觀音山看火車三層螺旋登山，最為赫赫有名，無疑地成為早年進口電力機車的鐵路試驗場所。

中國的寶成鐵路，是從陝西省寶雞市，通往四川省成都市的鐵路，全長668.2公里，於1958年完工，寶成鐵路地勢險要，全線共有隧道304座，總長84公里；大小橋樑986座，總長25公里，工程相當艱巨。由於寶成鐵路的坡度大、彎道多，尤其是寶雞至秦嶺路段，初期使用蒸汽機車作為動力，運輸能力受到限制，因此寶成鐵路成為第一條電氣化鐵路，1975年全線電力化，全線使用電力機車運行。其中寶雞至秦嶺路段經常加掛「補機」，故設有秦嶺的補機車隊，曾經使用各類電力機車，以加大機車牽引力翻山越嶺。

火車由寶雞出發之後，先後跨越秦嶺、巴山和劍門山。鐵路進入秦嶺山區之後，沿著清姜河谷以U-turn盤旋迂迴來到楊家灣，以千分之三十的坡度急速爬升。為了克服地勢的海拔落差，過楊家灣站之後，就以兩個馬蹄彎迂迴來到觀音山站，用一個「8」字形螺旋線，上升到青石岩站，所以在觀音山站，就可以看到三層鐵路重疊的場面。線路高度落差達817公尺，即為著名的「觀音山展線」。火車穿過秦嶺隘口，經過2364公尺長的秦嶺大隧道，便即進入嘉陵江流域來到秦嶺站。不過火車越過秦嶺之後，鐵路坡度趨緩，下降至千分之十二，沿嘉陵江而下來到四川省的廣元，其中秦嶺至略陽間，鐵路會有14次跨過嘉陵江，堪稱是中國山岳鐵路不朽的一頁傳奇。

低
往楊家灣站

清姜河谷

青石岩站

秦嶺隧道
高

寶成鐵路是中國第一條鐵路電氣化鐵路，鐵道越秦嶺，觀音山站鐵路盤山展線，尤其精采。

5-6 SS3B 韶山3B型電力機車──Co-Co+Co-Co

2002年，中國鐵道在韶山3型的基礎上，計劃以二重連型式，研發的韶山3B型電力機車。這是中國有史以來最多動軸數的電力機車，其車軸配置為Co-Co+Co-Co，屬於二重連機車十二軸的結構，陣容相當龐大。

韶山3B型電力機車由株洲電力機車廠、大同機車廠、資陽機車廠、大連機車車輛廠所生產製造，總共生產353組。韶山3B型電力機車，牽引功率提升至9600千瓦，最高營運時速100公里。

2008年，太原軌道交通裝備公司生產韶山3C型，一切性能相同，不過只有一組而已，屬於實驗階段的過渡性產品。

SS3B 韶山3B型電力機車的資料表

車輛名稱	製造年(西元年)	車軸配置UIC	營運速度(km/h)	牽引功率(KW)	製造廠家	生產數目
SS3B 韶山3B型	2002年	Co-Co+Co-Co	100	9600	株洲電力機車廠 大同機車廠 資陽機車廠 大連機車車輛廠	353組
SS3C 韶山3C型	2008年	Co-Co+Co-Co	100	9600	太原軌道交通裝備公司	1組

具備十二個動力車軸，雙節的韶山3B型（SS3B）電力機車。（資料來源：維基百科）

5-7 SS4韶山4型電力機車——Bo-Bo+Bo-Bo

　　1985年，中國鐵道為提昇貨運機的運輸能力，計畫以二重連型式，研發的韶山4型電力機車。SS4型由株洲電力機車廠、大同機車廠、資陽機車廠、大連機車車輛廠所生產製造，車軸配置為Bo-Bo+Bo-Bo，屬於二重連八動軸的結構，生產總數高達158組。

　　韶山4型電力機車比韶山3型更強，牽引功率提升至6400千瓦，最高營運時速100公里。主要用於重載的貨運煤列，並包含如隴海鐵路、成昆鐵路，曲線半徑較小的登山鐵路，以汰換先前老舊的電力機車。1995年

起，韶山4B型電力機車共生產260組，主要為神華集團旗下所專用。

　　2004年起，中國召回原有的韶山4型電力機車，進行現代化的電氣系統改造，這一批稱為SS4G韶山4G型，G代表改的意思。如今在成昆鐵路上，依然可以見到，韶山4改型（SS4G）與韶山4型（SS4）電力機車重連運行。注意韶山4改型有六個檢修窗，韶山4型僅有五個檢修窗，兩者可以從外觀分辨出來。

SS4韶山4型電力機車的資料表

車輛名稱	製造年(西元年)	車軸配置UIC	營運速度(km/h)	牽引功率(KW)	製造廠家	生產數目
SS4 韶山4型	1985年	Bo-Bo+Bo-Bo	100	6400	株洲電力機車廠 大同機車廠	158組
SS4G 韶山4G型	2004年	Bo-Bo+Bo-Bo	100	6400	資陽機車廠 大連機車車輛廠	1419組
SS4B 韶山4B型	1995年	Bo-Bo+Bo-Bo	100	6400	株洲電力機車廠	260組

在大秦線以二重聯編組牽引貨運煤列，韶山4G型電力機車。（曾翔 攝）

這是韶山4型電力機車，轉向架還保留抗搖桿的原始設計。

神華集團旗下專用的韶山4B型（SS4B）電力機車。（資料來源：維基百科）

在成昆鐵路上，韶山4改型（SS4G）與韶山4型（SS4）電力機車重連運行。注意前者有六個檢修窗，後者原型僅有五個檢修窗，兩者可以分辨。

早年的上海機務段，在25G型紅色客車的後面，停放兩組SS4G韶山4改型電力機車。

5-8 SS5韶山5型電力機車——Bo-Bo

僅具試驗性質的韶山5型0001電力機車，保存於中國鐵道博物館。

韶山5型0001電力機車的雙軸轉向架特寫。

1990年，中國鐵道為了在客運用機車的速度有所突破，乃參考日本ED型電力機車，研發高速電力機車。由株洲電力機車廠，研發SS5韶山5型電力機車，其車軸配置為Bo-Bo，最高營運時速140公里，生產總數只有2組。

在SS5型以前，中國研製電力機車都是著重在牽引力，而且是貨運重於客運，而SS5型是第一次調整研製目標，將速度從100公里提升至140公里，具有其實驗性的意義，成為後來SS8型成功的重要基礎。因此，僅具試驗性質的韶山5型0001電力機車，保存於中國鐵道博物館。

SS5韶山5型電力機車的資料表

車輛名稱	製造年(西元年)	車軸配置UIC	營運速度(km/h)	牽引功率(KW)	製造廠家	生產數目
SS5韶山5型	1990年	Bo-Bo	140	3200	株洲電力機車廠	2

5-9 SS6韶山6型電力機車──Co-Co

1991年，中國研發先進的貨運用，直流電力機車韶山6型，由株洲電力機車廠生產製造，牽引功率提升至4800千瓦，最高營運時速100公里，共生產51組。三年之後1994年，改良版韶山6B型電力機車問世，由株洲電力機車廠、大同機車廠所生產製造，共生產201組。然而，受到後續韶山8型與和諧電HXD型研發成功的影響，韶山6型也就不再製造。目前韶山6型0002電力機車，保存於中國鐵道博物館。

十分少見的韶山6B型電力機車。（資料來源：維基百科）

SS5韶山5型電力機車的資料表

車輛名稱	製造年(西元年)	車軸配置UIC	營運速度(km/h)	牽引功率(KW)	製造廠家	生產數目
SS6韶山6型	1991年	Co-Co	100	4800	株洲電力機車廠	51
SS6B韶山6B型	1994年	Co-Co	100	4800	株洲電力機車廠 大同機車廠	201

韶山6型0002電力機車，保存於中國鐵道博物館。

5-10 SS7韶山7型電力機車——Bo-Bo-Bo　Co-Co

韶山7型電力機車，堪稱是大同機車廠最為優秀的直流電力機車代表作，它擁有類似韶山3型電力機車，絕佳的山地路段牽引力。然而，它擁有Bo-Bo-Bo的車軸配置，類似日本EF65型電力機車，那種中間可以橫向移動的轉向架，對於較小半徑的彎道，可以有較佳的適應力。

1992年，韶山7型電力機車誕生之後，擔任南昆鐵路通車時，南寧到百色的首趟列車，同時，韶山7型立刻被送到成昆鐵路與寶成鐵路，進行試驗，結果成效良好。牽引功率3780千瓦，最高營運時速100公里，總生產數目113組。

從1997年開始，大同機車廠針對韶山7型電力機車，不停地改良。Bo-Bo-Bo的車軸配置不變，但是功率與速度已經不停地提升，1999年的韶山7D型電力機車，牽引功率提升至48000千瓦，最高營運時速170公里，是十分優秀的准高速機車，擔負起牽引Z直達快車的任務。

從2001年開始，大同機車廠生產韶山7E型，車軸配置改為Co-Co，屬於幹線專

正從上海站牽引25G型客車出發，韶山7E型電力機車。

早年在南昆鐵路通車時，擔任南寧到百色的首趟列車開行，韶山7型電力機車。（歷史資料來源：中國鐵道部）

大同機車廠1997年生產的韶山7B型電力機車。（歷史資料來源：中國鐵道部）

用，不再遷就於小半徑鐵路。韶山7E型外觀也更加流線型，牽引功率提升至4800千瓦，最高營運時速170公里，成為大同機車廠具有代表性的准高速機車。

SS7韶山7型電力機車的資料表

車輛名稱	製造年(西元年)	車軸配置UIC	營運速度(km/h)	牽引功率(KW)	製造廠家	生產數目
SS7韶山7型	1992年	Bo-Bo-Bo	100	3780	大同機車廠	113
SS7B韶山7B型	1997年	Bo-Bo-Bo	100	3780	大同機車廠	2
SS7C韶山7C型	1998年	Bo-Bo-Bo	120	3780	大同機車廠	171
SS7D韶山7D型	1999年	Bo-Bo-Bo	170	4800	大同機車廠	59
SS7E韶山7E型	2001年	Co-Co	170	4800	大同機車廠 大連機車車輛廠	146

這裡是成昆鐵路的成都車站，前方是韶山7C型電力機車，即將連結成都至昆明的客車。後方藍色車頂的火車，即是韶山7D型電力機車，兩者外型迥異，成為有趣的對照。

在隴海鐵路上運行的韶山7D型電力機車。（曾翔 攝）

機車外觀從昔日的方正變成流線型，同時也將六軸轉向架從Bo-Bo-Bo變成Co-Co，這是韶山7E型電力機車最明顯的特徵。

5-11 SS8韶山8型電力機車——Bo-Bo

　　從1997年開始，中國鐵道需要准高速機車，以提供鐵道大提速以後，營運時速170公里的營運環境。因此，株洲電力機車廠，以韶山5型電力機車為基礎，不停地改良，研發出韶山8型准高速電力機車。

　　雖然，韶山8型與韶山5型電力機車的車軸配置相同，都是Bo-Bo不變，但是功率與速度大幅提升，牽引功率提升至3600千瓦，最高營運時速170公里，生產數目245台。從1997年起，韶山8型電力機車，擔負起牽引25G型客車，或是Z直達快車的任務，從北京到上海、廣州之間。

SS8韶山8型電力機車的資料表

車輛名稱	製造年(西元年)	車軸配置UIC	營運速度(km/h)	牽引功率(KW)	製造廠家	生產數目
SS8韶山8型	1997年	Bo-Bo	170	3600	株洲電力機車廠	245

北京車站裡牽引25G型客車，即將啟航的韶山8型電力機車。

韶山8型電力機車牽引25K型客車，正通過北京機務段外面的陸橋。

5-12 SS9韶山9型電力機車——Co-Co

　　從2000年開始，中國鐵道歷經多次大提速以後，營運時速160-200公里的幹線愈來愈多，因此，株洲電力機車廠，以韶山8型電力機車為基礎，既能夠發揮准高速電力機車的速度，同時亦能提高機車牽引力，成為極佳的客貨兩用電力機車。經過不停地改良，終於研發出韶山9型電力機車。

　　其實，就韶山9型與韶山8型電力機車相比，最高營運時速170公里不變，但是機車功率大幅提升，牽引功率從3600千瓦提升至4800千瓦。此外，為了能夠產生較佳的牽引黏著力，從原本韶山8型Bo-Bo的車軸配置，改成Co-Co的車軸配置。在傳統直流電力機車領域，韶山9型機車堪稱是後期科技集大成的傑作。

　　韶山9型一開始生產數目43台，不過，經過第二階段的改良，SS9G韶山9G型改良型，外觀更加流線形，生產數目170台，成為株洲電力機車廠代表性的准高速電力機車。

上海站裡的韶山9改型（SS9G）電力機車，牽引25T型客車即將啟航。

北京站外的韶山9改型電力機車，車體外觀變得流線形，注意其Co-Co六軸轉向架，與高速運行的抗搖桿設計。

SS8韶山8型電力機車的資料表

車輛名稱	製造年(西元年)	車軸配置UIC	營運速度(km/h)	牽引功率(KW)	製造廠家	生產數目
SS9韶山9型	2001年	Co-Co	170	4800	株洲電力機車廠	43
SS9G韶山9G型	2003年	Co-Co	170	4800	株洲電力機車廠	170

大連站外調度的韶山9型（SS9）電力機車，其原始剛硬樸拙的外型，與後來的韶山9改型（SS9G）相比，真的是平凡許多。

韶山9改型（SS9G）電力機車，正牽引25K型客車進入北京站。

中國進口的直流電力機車 DC Electric Locomotive　1435mm軌距

5-13 法國Alstom製的6Y2型 6G1型 8K型電力機車
──Co-Co　Bo-Bo+Bo-Bo

從1960至1980年，中國尚未掌握直流電力機車生產的關鍵技術，當時中國進口的直流電力機車，有來自法國、羅馬尼亞、日本、俄羅斯等諸國。這些進口的電力機車，或許數目不多，確實成為中國自主研發直流電力機車的重要參考。

這些中國早年進口的直流電力機車，以阿拉伯數字代表動力車軸數，例如6代表6軸動力，8代表8軸動力。英文字Y、G、K代表三個不同世代的控制技術。Y取音為引，用於直流電力機車，代表傳統引燃管（Ignitron），是單陽極的汞弧型整流管，用於傳統電流控制器和大功率整流器。G取音為整，用於直流電力機車，代表矽半導體的整流（Rectifier），利用橋式整流器控制整流電路供電，實現無段調壓控制與恆電流牽引，就技術層次而言，G比Y來得進步。K取音為控，用於直流電力機車，代表閘流管晶體（Thyristor）的控制；具有四層交錯P、N層的半導體裝置，SCR矽控整流器（Silicon Controlled Rectifier，SCR）。就技術層級而言，K又比G來得更進步。

因此，從上述的編號規則不難理解，1960年法國進口的6Y1、6Y2型電力機車，就是6動軸引燃管控制電力機車，而1973年羅馬尼亞進口的6G1型電力機車，就是6動軸矽半導體的整流電力機車，而1987年法國進口的8K型電力機車，即是8動軸閘流管控制電力機車。而法國進口的8K型，數目高達150組300台，成為中國鐵道史上，進口數目最多的直流電力機車。

1960年代 中國鐵路電氣化的初期，電力機車必須仰賴進口。1960年配合寶成鐵

法國Alstom製的8K型電力機車，牽引貨運列車行經寶成鐵路。（歷史資料來源：中國鐵道部）

中國第一代進口電力機車6Y2型，其技術乃參考法國CC7100型電力機車。

中國第一代進口電力機車6Y2型，其技術同時也參考俄羅斯F型電力機車。

路通車,中國向法國Alstom阿爾斯通公司訂購6Y2型機車,原型車以法國出口蘇聯的F型電力機車為基礎,根據中國鐵路的環境改進而成,在車體和轉向架的結構方面,則參考了法國CC7100型電力機車,數目共有25台,由於表現良好,在1972年又向法國購買40部6G型機車,控制技術從Y進步到G。

隔年1973年,中國向羅馬尼亞克拉約瓦廠訂購6G1型電力機車,以提供1970年代寶成鐵路全線電氣化的運輸需求,不過數目僅有兩台。到了1987年,中國向法國大量訂購150組8K型機車,雖然原車基礎是參考法國國鐵BB15000型電力機車,車軸配置為Bo-Bo,但是8K型機車為了提升貨運的牽引力,大幅提升至8軸動力,以兩部固定重連Bo-Bo+Bo-Bo的方式,牽引功率提升至6400KW,成為當時豐沙鐵路與大秦鐵路貨運的生力軍。

然而,不論是國產或是進口,這些直流電力機車,幾乎都送到寶成鐵路進行試驗。而寶成鐵路是中國第一條電氣化鐵路,1960年通車,1975年全線電氣化。往後的歲月,當中國發展出更先進的電力機車,也就將舊有的車款淘汰,如今陸續送入了博物館。

國製的6Y2型 6G1型 8K型電力機車的資料表

車輛名稱	製造年(西元年)	車軸配置UIC	營運速度(km/h)	牽引功率(KW)	製造廠家	生產數目
6Y2型	1960年	Co-Co	100	4740	法國Alstom	25
6G型	1972年	Co-Co	112	5400	法國Alstom	40
6G1型	1973年	Co-Co	100	5100	羅馬尼亞克拉約瓦機車廠	2
8K型	1987年	Bo-Bo+Bo-Bo	100	6400	法國Alstom	150組

中國第一代進口電力機車8K型,技術參考法國BB15000型電力機車。

法國8K型電力機車是兩部電力機車半固定連結成一組,這是電力機車連結部位的特寫。

法國Alstom製的8K型0008A與0008B電力機車,保存於中國鐵道博物館。

5-14 日本川崎重工製的6K型電力機車——Bo-Bo-Bo

　　1987年，中國從日本川崎重工進口6K型電力機車。6K型機車，「6」代表六軸，K取音為控，用於直流電力機車，代表的閘流管晶體（Thyristor）的控制，如SCR矽控整流器（Silicon Controlled Rectifier，SCR）。同年，法國的8K型也同時進口，代表中國對於直流電力機車技術水平的提升。

　　當時為了適應隴海鐵路的鄭寶段，部分區段曲線半徑小、坡度又大的運行條件，6K型機車選用了六軸Bo-Bo-Bo的軸式，有別於中國國產電力機車韶山三型，傳統的六軸Co-Co的軸式。

　　基本上，6K型機車多數繼承了日本電力機車的傳統設計和技術，為六軸相控交流電力機車，其中電氣部分參考了日本國鐵的ED75型500番台、ED77型電力機車的多段橋相控整流電路；機車車體和轉向架等動力機械部分，則參考了EF66型、EF81型電力機車的設計，成為日本技術的綜合版電力機車。

　　由於6K型電力機車，它的外型酷似日本EF60型電力機車，而且車軸配置是Bo-Bo-Bo完全相同，只是軌距不同而已。因此，對於台灣喜歡去日本鐵道的民眾而言，多了一份難得的親切感。

日本製的6K型電力機車的資料表

車輛名稱	製造年(西元年)	車軸配置UIC	營運速度(km/h)	牽引功率(KW)	製造廠家	生產數目
6K型	1987年	Bo-Bo-Bo	100	4800	日本川崎重工 EF型電力機車	85

中國6K型電力機車，其外型酷似日本EF60型電力機車，只是軌距不同。（橫川碓冰嶺鐵道文化村）

來自日本川崎重工製的6K型電力機車。（曾翔 攝）

日本製的6K型002電力機車，保存於中國鐵道博物館。和左頁的圖相比較，兩者有其雷同，也有其差異，成為有趣的對比。

日本製的6K型電力機車，選用了Bo-Bo-Bo中間獨立轉向架的軸式，這是中間的轉向架結構特寫，接近EF81型。

5-15 俄羅斯諾沃切爾卡斯克製的8G型電力機車
──Bo-Bo+Bo-Bo

1987年，除了法國和日本之外，中國也從俄羅斯進口8G型電力機車。由諾沃切爾卡斯克製造，技術規格參考俄羅斯VL80型電力機車，車軸配置為Bo-Bo+Bo-Bo，總數高達96組192台，僅次於法國進口的8K型電力機車150組300台。

8G型電力機車，「8」代表八軸，而「G」代表矽半導體整流，用於直流電力機車，代表矽半導體的整流（Rectifier），利用橋式整流器控制整流電路供電，實現無段調壓控制與恆電流牽引。該款電力機車營運速度為100公里，輸出功率為6400千瓦，規格與同年從法國進口的8K型電力機車相同。

如今俄羅斯進口8G型電力機車，與法國進口的8K型電力機車，目前都已經陸續淘汰，各選一部機車保存於中國鐵道博物館。

昔日俄羅斯諾沃切爾卡斯克製的8G型電力機車。（資料來源：中國鐵道博物館）

中國的8G型電力機車，其技術規格乃參考俄羅斯VL80型電力機車，外觀上仍有不少差異。

俄羅斯製的8G型電力機車的資料表

車輛名稱	製造年(西元年)	車軸配置UIC	營運速度(km/h)	牽引功率(KW)	製造廠家	生產數目
8G型	1987年	Bo-Bo+Bo-Bo	100	6400	俄羅斯諾沃切爾卡斯克廠	96組

俄羅斯製造的8G型0002電力機車,保存於中國鐵道博物館。

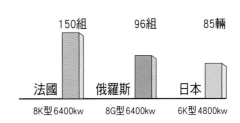

1987年中國進口電力機車比一比

這是8G型電力機車的車頂,兩個單臂式集電弓,組合成一個雙臂集電弓的特寫。

俄製的8G型電力機車,動力轉向架的懸吊方式很特別,動輪類似蒸汽機車,並且加上數字編號。

中國國產的交流電力機車 AC Electric Locomotive 1435mm軌距

5-16 早期中國研發階段的DJ電力機車──Bo-Bo+Bo-Bo Bo-Bo

　　何謂DJ電力機車？顧名思義，D代表電力，J代表交流，也就是中國最早期的交流傳動的電力機車。這些交流傳動的電力機車，普遍以IGBT、VVVF變頻控制的方式，驅動交流馬達，既可控制轉速，亦可控制扭力。可以有效減少能源損失，又能發揮牽引力，成為全球電力機車與電聯車的科技趨勢。

　　1996年，株洲電力機車廠自主研發一部AC4000型機車，是中國研製交流電力機車的開始。1997年3月，中華人民共和國鐵道部，與德國西門子交通集團，正式簽訂了20台交流傳動電力機車的合約，含技術轉讓合約總值7000萬歐元，定名為DJ1型，該型機車是中國第一代進口交流電力機車。

　　DJ1型電力機車，是由德國西門子公司以第二代「歐洲短跑手」（EuroSprinter）系列電力機車作為技術平台，在ES64F型電力機車（德國鐵路DB152型電力機車）基礎上，最高營運速度可以達到120km/h。

　　此外，2001年株洲電力機車廠，針對DJ1型電力機車進行研究，研發出DJ2型，最高營運速度可以達到200km/h。2009年，中國北車集團大同電力機車廠研發DJG2型，其中「D」代表電力機車、「J」代表交流傳動、「G」代表高速機車，最高營運速度可以達到220km/h。然而在HXD和諧電發展的大目標下，這些研發的DJ電力機車遂成為歷史。

國製的6Y2型、6G1型、8K型電力機車的資料表

車輛名稱	製造年(西元年)	車軸配置UIC	營運速度 (km/h)	牽引功率 (KW)	製造廠家	生產數目
AC4000	1996年	Bo-Bo	120	4000	株洲電力機車廠	1
DJ1	2001年	Bo-Bo+Bo-Bo	120	4800	德國西門子	20
DJ2	2001年	Bo-Bo	200	4800	株洲電力機車廠	3
DJG2	2009年	Bo-Bo	220	6400	大同電力機車廠	1

中國早期研發的直流DJ1型電力機車，技術參考歐洲的ES64F，德國的DB152型電力機車。

中國早期研發的直流DJ1型電力機車。（資料來源：維基百科）

中國早期研發的AC4000型交流電力機車。（歷史資料來源：中國鐵道部）

5-17 HXD1和諧1型電力機車——Bo-Bo+Bo-Bo Co-Co

　　從2004年起，中國比照CRH和諧號動車組的研發模式，以不同的外資技術與本土製造技術結合，產生一系列的和諧電HXD交流變頻電力機車。

　　當時世界四大鐵道技術集團的技術進入中國，結合中國的本土製造廠的生產力，四大鐵道技術集團分居旗下。HXD1為德國技術，HXD2為法國技術，HXD3則為日本與龐巴迪技術，創造了中國鐵道的HXD「和諧電」，交流電力機車「競合」的和諧新時代。

　　2006年，中國的和諧電HXD1型系列電力機車，是德國西門子公司與南車株洲電力機車公司所合作，參考來自德國西門子Euro sprinter ES64F4型歐洲的短跑選手的技術所研發。專門為中國鐵路設計製造，雙節重連八軸重載貨運電力機車。機車採用交流供電—直流控制—交流傳動系統，電力機車採用了非同步交流牽引電動機，水冷GTO牽引變流器，以及「SIBAS 32」微機控制系統等技術，營運速度可以達到120km/h。

　　雖然一開始研發，HXD1型都是定位在時速120公里，9600千瓦的貨運專用機車，三種HXD系列仍處於各自研發的階段，並未統一。同時期的HXD1、HXD2都是八軸Bo-Bo+Bo-Bo二重連的電力機車，可牽引龐大的貨運車隊。

　　然而，隨著HXD1系列和諧電的大量生產，其衍生車型的編號，開始產生一致的規則性。後續的HXD1B為9600千瓦，時速120公里等級的六軸貨運用機車，HXD1C為7200千瓦，時速120公里等級的六軸客貨運兩用機車，HXD1D為7200千瓦，時速170公里等級的六軸准高速客運機車，HXD1F為9600千瓦，120公里等級的八軸貨運高承載機車等。

和諧1型HXD1型電力機車，以雙組二重連十六軸動力，在大秦線上牽引20000噸運煤列車。（曾翔 攝）

國製的6Y2型 6G1型 8K型電力機車的資料表

車輛名稱	製造年(西元年)	車軸配置UIC	營運速度 (km/h)	牽引功率 (KW)	製造廠家	生產數目
HXD1	2006年	Bo-Bo+Bo-Bo	120	9600	德國西門子公司 南車株洲電力機車公司 南車資陽機車有限公司	651
HXD1B	2009年	Co-Co	120	9600		650
HXD1C	2009年	Co-Co	120	7200		1207
HXD1D	2012年	Co-Co	160	7200		270以上
HXD1F	2014年	Bo-Bo+Bo-Bo	120	9600	南車株洲電力機車公司	未定

冬季北京西站的雪地軌道上,和諧1B型HXD1B型電力機車,變更為Co-Co六軸動力轉向架。

中國研發HXD1型電力機車,其原始技術參考這款歐洲ES64F4型電力機車。德國柏林。

屬於廣深鐵路的和諧1D型HXD1D型電力機車。廣州北站。

5-18 HXD2和諧2型電力機車——Bo-Bo+Bo-Bo　Co-Co

　　如前面所述，從2004年起，中國比照CRH和諧號的研發模式，以不同的外資技術與本土製造技術結合，產生一系列的和諧電HXD交流變頻電力機車。2006年，法國Alstom與大同電力機車廠合作，參考法國亞斯通Prima6000型，法國SNCF 427000型，研發出和諧電HXD2型電力機車。

　　HXD電力機車的研發初期，包含德國技術的HXD1型、法國技術的HXD2型，都是定位在時速120公里，9600千瓦的貨運專用機車。以雙組Bo-Bo+Bo-Bo八軸的動力，運用在大秦線上牽引運煤列車。因此，HXD1型、HXD2型都是二節固定重連型式的電力機車，可以用來牽引龐大的貨運車隊。

　　2009年起，隨著和諧電HXD2系列的大量生產，其衍生車型的編號，開始有規則性，HXD1、HXD2、HXD3三種電力機車也趨於統一。例如HXD2B為9600千瓦，時速120公里等級的六軸貨運用機車，HXD2C為7200千瓦，時速120公里等級的六軸客貨兩用機車，HXD2F為9600千瓦，時速120公里等級的八軸貨運高承載機車等。

和諧2型HXD2型電力機車，以Bo-Bo+Bo-Bo八軸的動力，在大秦線上牽引運煤列車。（曾翔 攝）

國製的6Y2型 6G1型 8K型電力機車的資料表

車輛名稱	製造年(西元年)	車軸配置UIC	營運速度 (km/h)	牽引功率 (KW)	製造廠家	生產數目
HXD2	2006年	Bo-Bo+Bo-Bo	120	9600	法國Alstom 大同電力機車廠	550
HXD2B	2009年	Co-Co	120	9600		650
HXD2C	2010年	Co-Co	120	7200	大同電力機車廠	220
HXD2F	2014年	Bo-Bo+Bo-Bo	100	9600		未定

和諧2C型HXD2型電力機車，變更為Co-Co六軸動力轉向架。（資料來源：維基百科）

中國研製HXD2型電力機車，技術參考這款Prima 6000，法國SNCF 427000型電力機車。

5-19 HXD3和諧3型電力機車——Bo-Bo+Bo-Bo Co-Co

從2004年起，世界四大鐵道技術集團的技術進入中國，結合中國的本土製造廠的生產力，創造了中國鐵道的HXD「和諧電」，交流電力機車的和諧新時代，四大鐵道技術集團分居旗下，HXD1為德國技術，HXD2為法國技術，HXD3則為日本與龐巴迪技術。

首先，中國的和諧電HXD3型電力機車，乃大連機車廠結合日本東芝的技術，參考日本EH500型的雙節電力機車所研發。不過捨棄八軸輸出，改採用Co-Co六個動軸轉向架。2004年首先推出實驗型車款，SSJ3型電力機車，在北京鐵道部環形試驗線進行測試，該款機車的量產版，也就是後來2006年發展的HXD3型機車。

其次，中國的和諧電HXD3B、3C型電力機車，則是來自瑞典與加拿大龐巴迪的技術，參考瑞典鐵路IORE 100型LKAB電力機車，為滿足中國鐵路重載貨運需要，而研發的大功率交流傳動，幹線貨運專用六軸電力機車。

誠然，初期HXD和諧電的研發，包含HXD1、HXD2、HXD3三種。HXD1、HXD2都是八軸Bo-

北京站和諧3B型HXD3B型電力機車，六個動軸輸出採用Co-Co轉向架，注意其機車頭帶有稜線的剛硬線條。

昔日在寧東機務段的HXD3型電力機車，其機車頭呈現圓滑的流線造型。（曾翔 攝）

Bo+Bo-Bo二重連的電力機車，都是定位在時速120公里，9600千瓦的貨運專用機車，可牽引龐大的貨運車隊，然而HXD3則是六軸Co-Co的電力機車，都是定位在時速120公里，7200千瓦的客運兩用機車。與前面兩者，截然迥異，這是和諧3型最不一樣的特徵。

日後隨著HXD3系列和諧電的大量生產，其衍生車型

的編號，開始有規則性，HXD1、HXD2、HXD3三種也趨於統一。例如HXD3B為9600千瓦，時速120公里等級的六軸貨運用機車，HXD3C為7200千瓦，時速120公里等級的六軸客貨運兩用機車，HXD3D為7200千瓦，時速170公里等級的六軸准高速客運機車。最後，HXD3E為9600千瓦，120公里等級的八軸貨運高承載機車等。

和諧HXD3型的規格技術，最早乃參考日本EH500型電力機車。

國製的6Y2型 6G1型 8K型電力機車的資料表

車輛名稱	製造年(西元年)	車軸配置UIC	營運速度 (km/h)	牽引功率 (KW)	製造廠家	生產數目
SSJ3	2004年	Co-Co	120	7200	大連機車車輛廠	1
HXD3	2006年	Co-Co	120	7200	日本東芝公司 大同機車車輛廠 大連機車車輛廠 北京二七軌道裝備廠	1080
HXD3B	2008年	Co-Co	120	9600	大連機車車輛廠 龐巴迪運輸集團	500
HXD3C	2010年	Co-Co	120	7200	大同機車車輛廠 北京二七軌道裝備廠	1300
HXD3D	2012年	Co-Co	160	7200	大連機車車輛廠	443
HXD3E	2012年	Bo-Bo+Bo-Bo	120	9600	大連機車車輛廠	2

和諧HXD3B型的技術，乃參考瑞典鐵路IORE100型LKAB電力機車。

杭州站裡的和諧3C型HXD3C電力機車。

瀋陽機務段和諧3D型HXD3D電力機車，六動軸輸出採用Co-Co轉向架。

2006年筆者參觀北京鐵道部環形試驗線，當時研發中的SSJ3型正進行測試，該款機車也就是後來發展的HXD3型機車。

牽引貨運列車，即將通過南京長江大橋的HXD3型機車。

上海站南邊鐵道，牽引客運列車高速運行的HXD3型機車。外型和SSJ3型無異，但是其塗裝和上圖SSJ3型有所不同。

其他中國境內特別的電力機車 1435mm 762mm軌距

5-20 香港Ktt Lok 2000型電力機車——Co-Co

　　香港廣九鐵路Ktt Lok 2000型電力機車，乃是來自瑞士SBB Re460型電力機車，目前被編為TLN001、TLS002。該款機車在瑞士擁有營運速度230km/h的實力，不過在廣九鐵路，只能維持160km/h的速度。

　　瑞士SBB Re460型，在歐洲鐵路十分有名，不少國家也採購使用，相同形式也用於芬蘭國鐵的Sr2型電力機車，是很受歡迎的知名品牌。如今在廣九鐵路，可以看到該款 Lok 2000 型電力機車，牽引直通運行的雙層客車，往來於香港紅磡車站與廣州北站之間。

香港Ktt Lok 2000型電力機車的資料表

車輛名稱	製造年(西元年)	車軸配置UIC	營運速度(km/h)	牽引功率(KW)	原型車與製造廠	生產數目
Lok 2000	1995年	Co-Co	160	6100	瑞士聯邦鐵道SBB Re460型	2T

香港廣九鐵路Ktt Lok 2000型電力機車，正牽引廣九鐵路直通的雙層客車。

香港Lok 2000型電力機車，其原型車乃來自瑞士SBB Re460型電力機車。

瑞士Re460型機車，相同形式用於芬蘭國鐵的Sr2型電力機車。

5-21 工礦用窄軌小型電力機車——Bo

　　一般人難以想像輕便鐵道也能電氣化，中國也有762mm軌距，車軸配置為Bo，工礦用窄軌小型電力機車。昔日在貴州水泥廠，如今在四川嘉陽煤礦的石溪站，仍然可以見到這類的小型雙軸電力機車，該型機車額定電壓550V，營運速度30公里，牽引功率156Kw，由常州長江客車集團所製造。台灣的762mm軌距鐵路很多，但是並沒有電氣化，這也是台灣所沒有的電力機車。

四川嘉陽煤礦的石溪站，工礦用窄軌小型電力機車，762mm軌距。

昔日貴州水泥廠，同形式小型電力機車，762mm軌距。（曾翔 攝）

6

中國鐵道的動車組

EMU/DMU

中國CRH1A動車組，奔馳於海南島的東環高鐵的高架橋上。

6-1 認識中國鐵道的動車組

中國鐵道動車組，這是一個嶄新的鐵道名詞，動車組就是將客車與動力車結合固定編組之意。基本上依照動力來源，可區分為電力動車組EMU（Electric Multiple Units），與柴油動車組DMU（Diesel Multiple Units）兩大類，而依照動力的組態，又可區分動力分散式與動力集中式兩種，在台灣，EMU電力動車組稱為電聯車，DMU柴油動車組稱為柴聯車。在後面中國鐵道與台灣鐵道的動車組之差異比較單元，會有詳細的介紹。

其實，中國的動車組很早就在使用。1914年滇越鐵路有米其林動車，1971年中國第一條地鐵，北京地鐵1號線通車，這就是動車組。然而，當時中國除了城市軌道交通，大眾捷運（地鐵）列車使用動車組之外，中國鐵道的動車組概念並未普及，還處於懵懂階段。

研發試驗階段的鐵道動車組

從1997年至2007年，中國鐵路一共進行了六次大提速。這些提速的過程，使得傳統鐵道幹線的速度，從原本100-120公里，提升到200-250公里，徹底提升與改變了中國鐵道的體質，邁

北京南站月台上，中國高速鐵路的電力動車組，高鐵動車是今日的目光焦點。

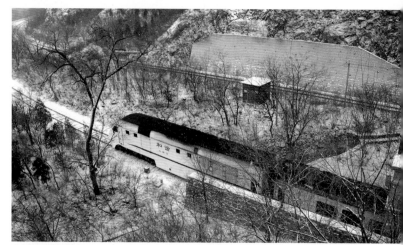
中國北京奧運在2008年，開行北京至八達嶺的和諧長城號NDJ3柴油動車組。

廣深鐵路在1998年引進圖中該款瑞典X2000型電力動車組，成為中國最早的200km/h高速動車，瑞典的斯德哥爾摩車站。

中國鐵道的動車組分成兩大類,上面是電力動車DJF1「中原之星」電力動車組,下面內燃動車NZJ2「神舟號」的柴油動車組模型。(筆者的交通科學技術博物館)

向現代化的鐵道國家之林。隨著鐵道客運的發達,營運時速不停地提高,致使動車組的研發腳步,猶如箭在弦上。因此從1998年至2004年這段期間,中國鐵道開始自主研發鐵道動車組。

　　無疑的,從1998年至2004年這段期間,各家研製的鐵道動車組,類型有很多,不過中國鐵道研發的動車組,還是分成電力動車組與柴油動車組兩種,例如電力動車DJF1「中原之星」,內燃動車NZJ2「神舟號」,動車組設計時速從140到270公里不等,以中華之星270公里為最高。也有些動車是來自外國進口,例如1998年,廣深鐵路引進瑞典X2000型,成為中國最早營運的200公里高速動車。

　　此外,在這段研發試驗的期間,鐵道動車組的名稱,實在是無奇不有,包含春城號、長白山號、中原之星、中華之星、大白鯊、新時速等等。編號也比較難以理解,例如「大白鯊」DDJ1型電力動車組,「D」、「D」、「J」三個英文字母分別代表電力動車組、直流傳動、動力集中。「藍箭」DJJ1型電力動車組,「D」、「J」、「J」三個英文字母分別代表電力動車組、交流傳動、動力集中。這些編號沒有系統的現象,直到2005年CRH的出現,而有了重大轉折。

穩定成熟階段的和諧號動車組

　　2005年起,中國實施第六次提速,城際

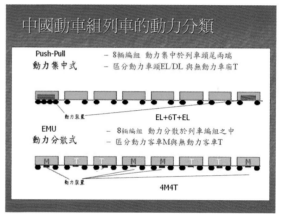

中國鐵道的動車組示意圖,依照動力的組態,又可區分動力分散與動力集中式兩種。

路線的速度,已提升至200公里。中國鐵道改變策略,不再閉門造車,而是以不同國家的外資技術與本土製造技術結合,產生一系列的CRH和諧號電力動車組。這時動車組的研製與營運,進入穩定成熟階段,編號一率以CRH和諧號為主。

　　2007年1月5日,台灣高速鐵路700T,從板橋到左營通車,十分巧合的是,同年2007年1月28日,中國高速鐵路CRH2A,也開始在上海南京杭州等地運行,創下海峽兩岸同年同月,同時啟用高速鐵路的歷史紀錄。2007年4月18日起,CRH和諧號列車開始以時速200km/h營運,中國正式邁入世界高鐵國家之林。

　　2007年,中國高鐵只不過「從無到有」,短短三年之後,2010年,中國高鐵竟成了「世界第一」。2008年8月1日,中國京

津城際鐵路以CRH3C和CRH2C運行，時速350公里，往後中國高鐵以營運時速350公里為標準，新的高速鐵路，一條條陸續通車，2009年12月9日，武廣高鐵以兩組CRH併結16輛，創下394.2公里世界紀錄，2009年12月26日，世界里程最長的武廣高鐵，平均時速341公里為世界第一。2015年鐵路里程97840公里，暫居世界第二，2015年中國高鐵的里程為20380公里，已經佔世界高鐵的二分之一強。

2008年4月24日，CRH2C在於京津客運專線上，進行高速測試，打破過去中華之星的紀錄，最高速來到370km/h。2011年1月9日，中國CRH380BL「和諧號」電力動車組，其試驗編組在京滬客運專線，創下最快487.3km/h的紀錄。此後，中國高速鐵路不斷的在刷新世界紀錄，其蓬勃發展受到全球的矚目。

不過，2011年7月，很遺憾地甬台溫鐵路不幸發生追撞事故後，引發了民眾對於高鐵安全的擔憂。原本中國高速鐵路的最高營運時速為350km/h，盛光祖接任為國家鐵道部部長之後，決定將車速降至300km/h，經過一段時間的檢討，未來仍將恢復至原有的設計時速350km/h。

在這段時期，除了發展高速的CRH和諧號電力動車組之外，也有實用化的柴油動車組出現，以2008年出現的中國NDJ3為

拖車T　　　馬達車M　　　拖車T　　　馬達車M

動力分散式的車輛結構圖

中國高鐵新世代，中國自行研發的CRH380B動車組，曾經創下487.3km/h的速度紀錄，如今CRH380系列已經成為中國進軍國際市場的新品牌。

中國CRH的高速實驗速度紀錄

締造時間	高速鐵路車種名稱	最高速度	所在區域
2008年4月24日	CRH2C「和諧號」電力動車組-試驗	370 km/h	京津城際鐵路
2010年2月6日	CRH2C「和諧號」電力動車組-試運行	394.2 km/h	鄭西客運專線
2009年12月9日	CRH3C「和諧號」電力動車組-試運行（兩車重聯）	394.2 km/h	武廣客運專線
2008年6月24日	CRH3C「和諧號」電力動車組-試驗	394.3 km/h	京津城際鐵路
2010年9月28日	CRH380A「和諧號」電力動車組-試運行	416.6 km/h	滬杭客運專線
2010年12月5日	CRH380BL「和諧號」電力動車組-試運行	457 km/h	京滬客運專線
2010年12月3日	CRH380AL「和諧號」電力動車組-試運行	486.1 km/h	京滬客運專線
2011年1月9日	CRH380BL「和諧號」電力動車組-試驗編組	487.3 km/h	京滬客運專線

代表，取名為「和諧長城號」。

CRH動車組的和諧新品牌

隨著中國鐵道市場的蓬勃發展，成為全球鐵道大廠的投資標的。二十世紀初，世界四大鐵道技術集團，德國、法國、日本、瑞典、加拿大，外國的鐵道技術進入中國，結合中國的本土製造廠的生產力，創造了中國鐵道的和諧新時代。內容包含內燃機車（交流柴電機車）的HXN「和諧燃」，交流電力機車的HXD「和諧電」，高速電力動車組(交流電聯車)的CRH「和諧號」，三種和諧的車輛（Rolling Stock）。關於HXN與HXD的介紹，請參閱柴油機車與電力機車的單元。

誠然，在中國CRH的發展過程中，世界鐵路的頂尖大廠，都希望在中國的市場卡位：包含德國Siemens、法國Alstom、義大利Fiat Ferroviaria、日本的新幹線、以及瑞典ABB，加拿大Bombardier，都在此地角力一較高下。只不過，2001年瑞典ABB被加拿大Bombardier收購，2000年法國亞斯通取得義大利Fiat Ferroviaria半數以上的股權。原本六家爭霸，變成了四分天下，分居CRH1,2,3,5，各有一席之地。無疑地，中國鐵道動車組，乃天下兵家必爭之地。

後來，中國鐵道自行發展出自有品牌CRH380系列，從此，中國在鐵道技術水平上與世界科技同步，不但滿足日益蓬勃的內需市場，更擁有出口的實力，世界的知名鐵道大廠，不再只是四分天下，而是五分天下，中國鐵道品牌更躍進國際市場。2010年起，中國已經成為全世界高鐵營運里程最長的國家，CRH和諧號已經成為全世界高鐵數目最多的車種，CRH380系列更創造出中國鐵道的和諧新品牌。

此時，中國鐵道已經穩穩站在世界舞台上，輝煌亮眼，不容忽視。

中國自主研製的DJJ1「藍箭」的電力動車組。（曾翔 攝）

6-2 中國鐵道動車組的編號規則

　　中國鐵道動車組，基本上可分為電力動車組，與柴油動車組兩大類，這兩大類，又可細部區分動力集中式，與動力分散兩種。在早年研發的階段，當時的編號規則較不成熟，以羅馬拼音為主，而且各家廠生研發時，缺乏統一性。這樣的情形，直到CRH和諧號動車組出現以後，編號規則變得整體很有規律，以下將中國的動車組編號規則，簡單整理如下：

I·早期電力動車組

　　早期電力動車組的編號規則，第一個英文字代表動力能源的方式，例如D代表電力動車組，N代表內燃動車組。第二個英文字代表它的驅動模式，例如J代表交流馬達傳動，D代表直流DC馬達傳動。第三個英文字代表動車它的結構組態，J代表動力「集中」式，F代表動力「分散」式。此外，動車組除了編號還有自己的名字，如大白鯊等。

　　例如，「大白鯊」電力動車組DDJ1型，「D」、「D」、「J」三個英文字母分別代表電力動車組、直流傳動、動力集中。「藍箭」電力動車組DJJ1型，

北京南站的CRH和諧號動車組，這四部和諧號分屬不同形式，琳瑯滿目。

G高鐵動車、C城際動車、D動車組三種類型，顯示在看板上面，這是餘票資訊顯示。

這是2010年中國高鐵G7106次的車票，票價146元，實在不便宜，當時尚未有記名制。

「D」、「J」、「J」三個英文字母分別代表電力動車組、交流傳動、動力集中。「中原之星」的DJF1型，「D」、「J」、「F」三個英文字母分別代表電力動車組、交流傳動、動力分散。

中國鐵道電力動車組的編號規則表

英文代號	D	N	J	D	J	F
中文涵義	電力	內燃	交流馬達傳動	直流馬達傳動	動力集中	動力分散

II・早期柴油動車組

　　早期柴油動車組的編號規則，第一個英文字代表動力能源的方式，例如N代表內燃動車組，D代表電力動車組。第二個英文字代表它的驅動模式，例如Y代表柴油「液力」傳動式，Z代表直流馬達傳動。後來2008年新一代和諧長城號出現，用D代表「電力」傳動（柴電驅動直流馬達模式）取代Z，其實意思相同。第三個英文字代表動車它的結構組態，J代表動力「集中」式，F代表動力「分散」式，事實上，柴油動車組用動力分散式很少。此外，動車組除了編號之外，還有自己的名字，如新曙光等。

　　例如， NYJ1型柴油動車組，「N」代表內燃動車組、「Y」代表液力傳動式、「J」代表動力集中方式。又例如新曙光NZJ1型，「N」代表內燃動車組、「Z」代表直流電動機、「J」代表動力集中方式。又例如NDJ3型和諧長城號，「N」代表內燃動車組、「D」代表電力傳動式、「J」代表動力集中方式。

中國鐵道柴油動車組的編號規則表

英文代號	D	N	Y	D或Z	J	F
中文涵義	電力	內燃	液力傳動 (液體變速機)	電力傳動 (柴電驅動)(直流馬達)	動力集中	動力分散

III・高鐵新世代　和諧號電力動車組

　　從2005年起，中國以不同國家的外資技術與本土製造技術結合，產生一系列的CRH和諧號電聯車。從2007年起，中國高速鐵路CRH「和諧號」投入營運，全部都是DJF「電力動車組」、「交流傳動」、與「動力分散」的組態，中國鐵道動車組，有很大的進步。

　　CRH是China Railway High-speed train的縮寫，和諧這個名字是不止是代表「人與自然」的和諧，也代表「科技整合」的和諧。因為，除了由傳統機車牽引、分散動力，動車組列車需要多個不同單位攜手合作，代表技術上的協調。此外，和諧這個名字，也代表由引進外國核心技術，再配合中國自主研發的機電技術，科技傳承與合作，方能製成和諧號動車組。

　　中國引進外國鐵道核心技術合作的和諧號，一共有四種主要型式，分別是CRH1、CRH2、CRH3和CRH5。CRH1以瑞典Regina C2008為基礎，由雙方合資公司BSP負責生產。CRH2以日本新幹線E2系-1000型為基礎，由日本川崎及四方機車負責生產。CRH3以德國ICE3 Velaro為基礎，由德國西門子以及唐山軌道客車負責生產。CRH2C則以新幹線E2系-1000型再提升，由青島南車四方機車車輛負責生產。CRH5以義大利Pendolino為基礎，由法國阿爾斯通及長春軌道客車負責生產。

　　這些外國鐵道核心技術合作的和諧號CRH，其命名各有ABCDE五種款式；其中D為速度350公里16輛編組客車， E為速度250公里的16輛編組臥鋪車，這兩款都是其他國家的高鐵所沒有，是中國所獨創的科技與服務。後期中國自主研發的CRH380，為設計速度為時速

380公里高速動車，則擺脫外國鐵道技術的影子，由中國自行設計研發與製造，外型也推陳出新，例如CRH380A與CRH380C，為中國所獨有的創意形式。

　　至於新世代的CRH6，則為中國自主開發的城際與市郊通勤動車，這款動車不是高鐵，而是營運時速界定在200公里以下，以服務城市郊區通勤需求，以及城際短途旅行的動車。CRH6由南車青島四方機車車輛公司所生產，如今已經研發出CRH6A、CRH6F、CRH6S三種款式。

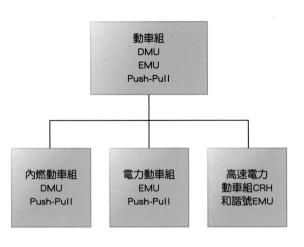

中國和諧號高鐵CRH的車輛種類表

型式	A 250km/h	B 250km/h	C 350km/h	380 380km/h	E 250km/h	製造的技術來源
CRH1	CRH1A	CRH1B	—	CRH1-380改CRH380D	CRH1E	瑞典 龐巴迪 Regina C2008
CRH2	CRH2A	CRH2B	CRH2C	CRH2-380改CRH380A	CRH2E	日本 川崎 E2-1000新幹線
CRH3	—	—	CRH3C	CRH3-380改CRH380B	—	德國Siemens Velaro ICE3
CRH5	CRH5A	—	—	—	—	法國Alston Pendolino ETR600
CRH380	—	—	—	CRH380A&CRH380AL	—	(中國南車公司)青島四方機車車輛
	—	—	—	CRH380B&CRH380BL	—	(北車)唐山軌道客車長春軌道客車
	—	—	—	CRH380C&CRH380CL	—	(中國北車公司)長春軌道客車
	—	—	—	CRH380D&CRH380DL	—	青島四方龐巴迪鐵路運輸公司

中國和諧號動車CRH6的車輛種類表

型式	A 200km/h	F 160km/h	S 140km/h	—	—	製造的技術來源
CRH6	CRH6A	CRH6F	CRH6S	—	—	南車青島四方機車車輛公司

和諧號尾端編號的涵義
A 旅客列車8輛編組，最高營運速度200-250km/h。
B 旅客列車16輛編組，最高營運速度200-250km/h。
C 旅客列車8輛編組，最高營運速度300-350km/h。
380為中國自主研發的高速動車組，最高營運速度380km/h。
E 臥鋪列車16輛編組，最高營運速度200-250km/h。（中國高鐵所獨有的服務）
L 為高速旅客列車動車組16輛編組，最高營運速度380km/h。
G 為8輛編組，耐高寒的動車組。取意為〝高〞。
F 為8輛編組，大都會與副都心通勤的動車組，最高營運速度160km/h。取意為〝副〞。
S 為4輛編組，城市與市郊通勤的動車組，最高營運速度140km/h。取意為〝市〞。
和諧號車廂的英文涵義
Z：Zuo座，座車，客運專用座車。
E：Er二，二等座車，五排座椅，座位數目最多，但最為擁擠。

Y：Yi一，一等座車，四排座椅，有些還附有4人或6人包廂。
T：Te特，特等座車，三排座或四排座椅，服務與視野較一等車更佳。
G：Guan觀，觀光座車，位於駕駛室後方觀賞，是特等車或商務車等級。
S：Sun Wu商務，又稱VIP座車，二排座或三排座，是豪華可躺平座椅。
C：Can餐，餐車，有吧台與餐桌設施，提供餐食與飲料等服務。
WR：軟臥車，有臥鋪的空間，1房4鋪，只有CRH1E與CRH2E才有的服務。
WG：高級豪華軟臥，有臥鋪的空間，1房2鋪，只有CRH1E才有的特別服務。
和諧號車廂的費率等級〔由高至低〕
WG：高級軟臥車（Luxury Sleeper）
WR：軟臥車（Soft Sleeper）
SW：商務座車（VIP / Business Class Coach）
ZT：特等座車（Premier Coach）

ZY：一等座車（First Class Coach）
ZE：二等座車（Second Class Coach）
和諧號車廂的種類型號
SW：商務座車（Business Class Coach）
ZY：一等座車（First Class Coach）
ZE：二等座車（Second Class Coach）
ZYE：一等／二等座車（First／Second Class Coach）
ZEC：二等座車／餐車（Second Class Coach／Dining Car）
CA：餐車（Dining Car）
ZYS：一等座車／商務車（First Class Coach／Business Class Coach）前端駕駛室客車
ZYG：一等座車／觀光車（First Class Coach／Sightseeing Car）前端駕駛室客車
ZYT：一等座車／特等座車（First Class／Premier Coach）前端駕駛室客車
ZEG：二等座車／觀光車（Second Class Coach／Sightseeing Car）前端駕駛室客車
ZET：二等座車／特等座車（Second Class／Premier Coach）前端駕駛室

這是和諧號的二等座車，以ZE（Second Class Coach）表示。

中國CRH和諧號可以分成G高鐵動車、C城際動車、D動車組三種。如圖所示CRH380BL，多數是跑G高鐵車次居多。

和諧號動車組的票價等級

　　而中國高鐵和諧號車票，依照票價等級，可以分成G高鐵動車、C城際動車、D動車組三種。D動車組的車票，最高營運速度200-250公里，票價比較便宜。至於C城際動車的車票，G高鐵動車的車票，最高營運速度超越250-350公里，票價最為昂貴。

　　雖然在中國，所謂的動車與高鐵，在速度上有明顯劃分，票價也不同。營運時速250公里以上的列車稱為高鐵，如同德國的ICE；營運時速約200-250公里為動車，也就是傳統鐵路高速化的車種，如同德國的IC與EC。因此，2011年出事的溫州事故列車D301次和D3115次，在編號上都是D車次的動車，故有屬於「動車」而非「高鐵」G、C車次之說，實在也不無道理。事實上，以國際鐵道聯盟UIC的定義，只要營運時速高於200km/h，即是屬於高鐵。因此，中國G高鐵動車、C城際動車、D動車組三種，就國際規範來說，都應該是高速鐵路的範疇。

電力動車組改變了中國鐵道

　　隨著2008年北京奧運的開幕，8月1日北京到天津的城際路線正式啟用，當時CRH3的營運速度高達時速350公里，成為全球營運速度最快的高鐵。2008年4月18日，中國開始興建北京到上海的京滬高速鐵路，全線長1,318公里，路線設計時速350公里，總投資人民幣2,209.4億，約1兆737.7億元新台幣，2011年6月全線營運通車。預計2020年之後，達到全國鐵道營業總里程十萬公里為目標。屆時CRH和諧號電力動車組，將跑遍全國各地，成為全中國人民最普及的鐵道交通工具。

　　無疑的，和諧號電力動車組的成功，改變了中國，和諧號電力動車組的普及，改變了中國的形象，也改寫了中國鐵道史。

6-3 中國鐵道與台灣鐵道的動車組之差異比較

中國鐵道動車組這個名詞,與台灣鐵道文化背景,存在著不少的差異,值得耐心理解與細心探討。中國鐵道所謂動車組,即是將客車與動力車結合固定編組之意,可區分電力與柴油動力兩種,又可細部區分動力分散式與動力集中式兩種,一共涵蓋有四種組合。

首先,動力分散式又可分為電力動車組EMU(Electric Multiple Units),與柴油動車組DMU(Diesel Multiple Units)兩大類。EMU是以M馬達客車與T無動力客車所組合,DMU則是以Mc柴油動力客車與T無動力客車固定組合而成。其次,動力集中式又可分為電力機車推拉式(EL:Push-pull)列車,柴油機車推拉式(DL:Push-pull)列車,是以EL電力機車、DL柴油機車與T無動力客車固定組合而成。

以上四種,在中國通稱為動車組,在台灣則可細分為四種:EMU、DMU、(EL/Push-pull)、(DL/Push-pull),台灣稱EMU為電聯車,稱DMU為柴聯車,而Push-pull則如推拉式自強號。海峽兩岸的車種實例與分析,如下表所示。

中國高鐵全部是電力動車組,如圖為CRH380A型。

因此,首先在電力動車組方面,台鐵EMU800型通勤電車,屬於動力分散式,台灣稱為電聯車,中國稱為電力動車組;台灣鐵路推拉式自強號,屬於動力集中式,這種類型中國也稱為電力動車組。雖然這兩種在中國名稱並無差異,但是在台灣卻有明顯區隔。其次,在柴油動車組方面,台灣與中國都有DMU的柴聯車,也就是柴油動力客車與無動力客車的組合。但是台灣習慣使用柴油機車與「柴聯車」等名詞,中國卻是習慣使用內燃機車與「內燃動車」等名詞。

台灣鐵路有TEMU電力動車組,也就是傾斜式電聯車,例如太魯閣號與普悠瑪號。但是,中國鐵道的路線提速,以發展高速客運專線為主,新建的高架路線十分筆直,並無傾斜式電聯車。因此台灣的傾斜式電聯車,倒成了中國所沒有的動車類型。

此外,海峽兩岸的動車發展各有所長,中國高鐵CRH380A型電力動車組,是原本設計時速380公里最快的高鐵列車,而台灣高鐵的700T型電力動車組,都是時速300公里的佼佼者,兩岸在高鐵方面頗有共通之處。

鐵道動車組四種組合分類示意表

動力型式	動力分散式	動力集中式
電力動車組(舉例)	EMU 台鐵EMU800型 4M4T 台灣高鐵700T型9M3T	(EL/Push-pull) 台鐵E1000型自強號 EL+10T+EL
	EMU 中國高鐵CRH1A型 5M3T	(EL/Push-pull) 中國DJJ2型中華之星 EL+9T+EL
柴油動車組(舉例)	DMU 台鐵DR2800型 Mc+T+Mc 台鐵DR3100型 Mc+T+Mc	(DL/Push-pull) 台鐵沒有
	DMU 中國早露號NYJ1型 Mc+4T+Mc	(DL/Push-pull) 中國的和諧長城號 DL+7T+DL

※M是馬達客車,T是無動力客車,Mc是柴油動力客車,EL是電力機車,DL是柴油機車

中國海南東環高鐵CRH1A型，屬於是動力分散式電力動車組。

台灣高鐵700T型，屬於動力分散式，台灣稱為電聯車，中國稱為電力動車組。

台灣鐵路普悠瑪號，是傾斜式電聯車，這是中國所沒有的電力動車組類型。

台灣鐵路推拉式自強號，屬於動力集中式，這種類型的火車，中國也稱為電力動車組。

EMU / Push-Pull 電力動車組　1435mm軌距

6-4 遠自瑞典來的稀客X2000新時速

「廣深鐵路」堪稱是中國高速鐵路的發源地。而來自瑞典的X2000動車組，堪稱是中國高速鐵路的營運始祖。

1994年，廣深鐵路首度升級到160km/h，除了部份彎道較多的限制以外，廣深鐵路可以達成傳統鐵路高速化，具有運行200km/h高速列車的潛力。當時，中國鐵道部尚缺乏先進的高速鐵路技術，於是廣鐵集團在1996年11月，從瑞典ADTranz公司，租用一列X2000型列車，租期兩年，租金每年為180萬美元，服務於廣深鐵路上，這是從1996年到2006年，中國高速鐵路「十年實驗階段」的開始。

1998年初，瑞典X2000傾斜式列車正式運抵天津，命名為「新時速」高速列車，以EL+6T（最後一部為控制客車）的方式，其編組比北歐的瑞典，增加了一節客車而已，其餘性能相同。新時速首先在中國鐵道科學研究院，北京環行鐵路完成測試實驗，1998年6月24日，高速列車「新時速」，從廣州到深圳139公里，僅需1小時05分，最高時速200公里，這是中國高鐵的第一步。

瑞典ADTranz公司的X2000型列車，原版塗裝很令人懷念，哥本哈根。

廣深鐵路上行經深圳的「新時速」高速列車，這是X2000型列車的中國版。

1998年8月28日起，新時速開始服務，每天兩對廣九的直通列車，最高營運速200km/h，雖然沒有建設高速新線，卻合乎高鐵的定義，堪稱是中國高速鐵路初期營運的開始。當時，中國引進X2000的技術發展高鐵，就是「既有路線＋高速傾斜列車」的模式，屬於經濟有效的提速作法；成本投

資較少，只需要在現有鐵路，加裝先進的信號設備即可運行。

2007年，隨著新型CRH1A投入到廣深鐵路服務，該鐵路的號誌系統也做了升級，原本廣深新時速的車上信號系統，已經不能適用於新的地上號誌系統。由於新時速的故障率和維修成本，也不停地增加，2007年4月19日起，新時速X2000宣布停止營運，中國最早的高速鐵路列車，也從此劃下休止符。而這款來自瑞典的X2000型新時速電力動車組，成為中國鐵路高速化的重要里程碑。

瑞典X2000新時速動車組資料表

車型	廣深鐵路新時速
啟用年	1998
原始來源	瑞典 X2000
長度(m)	140
編成	EL+5T
電壓	AC 15KV 16 2/3Hz
功率(kW)	3260
營運速度(km/h)	210

原廠瑞典X2000型列車的內裝。

瑞典X2000型列車的新世代塗裝，2010年以後已經變成銀灰色。

6-5 早期中國自主研發的電力動車組

　　回顧從1996年到2006年，中國高速鐵路的「十年實驗階段」，除了引進瑞典的新時速動車以外，中國在高鐵車輛自製研發方面，前後共有中華之星、藍箭、先鋒號、長白山號等等優秀車輛，都曾創下極佳的實驗速度紀錄。

　　從1998年的新時速、1999年的大白鯊與2000年的藍劍，中國鐵道的營運時速，都達到200km/h。中國參考德國ICE1的技術，所研製的中華之星，2002年在京津客運專線，締造了實驗速度321.5km/h，號稱當時「中國鐵路第一速」。除此之外，中國參考德國ICE3的技術結構，研製的長白山號電力動車組，也達到210km/h的營運速度水準。

早期中國自主研發的電力動車組資料表

車型	年代	動車結構	組態	營運速度	輸出功率	製造廠	生產
春城號 KDZ1A	1999年	動力分散式	3M3T	120	2160	長春客車廠	1
X2000新時速	1998年	動力集中式	EL+6T	200	3260	瑞典 ADTranz	1
DDJ1大白鯊	1999年	動力集中式	EL+6T	200	4000	株洲電力機車廠 唐山軌道客車 長春客車廠等	1
DJJ1藍箭	2000年	動力集中式	EL+6T	200	4800	株洲電力機車廠 長春客車廠	8
DJF1中原之星	2001年	動力分散式	8M6T	160	6400	株洲電力機車廠 四方機車車輛廠	1
DJF2先鋒號	2001年	動力分散式	4M2T	160	5300	南京浦鎮車輛廠	1
DJJ2中華之星	2002年	動力集中式	EL+9T+EL	270	9600	株洲電力機車廠 大同電力機車 長春客車廠等	2
DJF3長白山號	2004年	動力分散式	6M3T	180	5300	長春客車廠	2

中國DDJ1型「大白鯊」的電力動車組，1999年曾經締造223km/h的速度紀錄。（曾翔 攝）

在這十年實驗階段，多數動車只有一組，沒有被量產，只有藍劍動車組的生產數目最多，共有8組。隨著時代進步，2007年中國CRH和諧號正式營運，雖然這些早期中國自主研發的電力動車組列車，便陸續退出舞台，但是這十年實驗階段所累積的營運經驗，也是功不唐捐，奠定中國高鐵重要的發展基礎。如今這些實驗階段的動車組，也一一被封存，包含大白鯊與中華之星等動車組，陸續移送到北京中國鐵道博物館東郊館。

中國電力動車組實驗階段的車種的最高速度紀錄

實驗車種名稱	締造時間	實驗速度	所在鐵路
X2000「新時速」電力動車組	1998年	200 km/h	廣深鐵路
DDJ1「大白鯊」電力動車組	1999年9月	223 km/h	廣深鐵路
DJJ1「藍箭」電力動車組	2000年10月	235.6 km/h	廣深鐵路
DJF2「先鋒號」電力動車組	2001年11月11日	249.6 km/h	廣深鐵路
DJF2「先鋒號」電力動車組	2002年9月10日	292.8 km/h	秦沈客運專線
DJJ2「中華之星」電力動車組	2002年11月27日	321.5 km/h	秦沈客運專線

中國研製的DJJ1「藍箭」的電力動車組，曾經締造235.6km/h的速度紀錄。（維基百科 中文版）

技術結構參考德國ICE1，中國研製的DJJ2「中華之星」的電力動車組，曾經締造321.5km/h的速度紀錄。（維基百科 中文版）

如今封存的DDJ1型「大白鯊」電力動車組。

參考德國ICE3的技術結構，中國研製的長白山號電力動車組。（維基百科 中文版）

6-6 中國鐵路第一速 321.5km/h的中華之星

　　從1996年到2006年的實驗階段，除了X2000型新時速列車，是外國引進的高速列車之外，中國高鐵也研發多款具有指標性意義的高速列車，其中最有代表性意義的，就是中華之星。

　　中華之星「推拉式」動車組，其編號為DJJ2型，「D」、「J」、「J」三個英文字母分別代表電力動車組、交流傳動、動力集中。是由中國北車集團和南車集團研製，參考德國的ICE1列車，由頭尾2節動力機車，和中間9輛拖車所組成，編組為EL+9T+EL，輸出功率9600KW，從瀋陽至秦皇島試運行，設計最高營運時速達270公里，運量為726名旅客。2002年11月27日，中華之星在京津客運專線，締造了最高實驗速度321.5km/h，創造當時「中國鐵路第一速」，直到2008年4月24日，CRH2C在京津客運專線高速測試，該紀錄才被打破。

　　除了創造速度之外，中華之星China Star的LOGO設計得相當地好，僅僅利用CA兩個英文字母，就把高速列車穿出隧道的速度感，表現得淋漓盡致，是一款相當有設計感的高鐵列車。在二十世紀初，2007年CRH尚

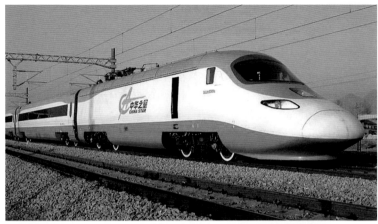

中國研製的DJJ2「中華之星」的電力動車組。（中國鐵道部新聞圖片）

如今保存瀋陽鐵路陳列館的中華之星，先頭的動力車，極為流線精緻的外型。

未營運之前，許多中國鐵道的廣告與鐵道相關圖書，都可以看到中華之星的圖片當封面，那真是一個獨一無二，只有中華之星耀眼輝煌的「中華之愛」。

　　2005年8月1日起，中華之星正式營運，開始來往遼寧與瀋陽，以及至河北山海關之間的鐵路，運行臨時的準高速班次。不過由於列車仍屬實驗性質，並未全面量產，加上後續CRH的營運，2006年8月2日起，已經停止營運。後來整列中華之星被分開，中華之星其中一個動力車頭，保存於瀋陽鐵

中華之星的LOGO設計得相當地好，把高速列車穿出隧道的速度感，表現得淋漓盡致。

路陳列館，另一個動力車頭與幾節車廂，保存於中國鐵道博物館東郊館。對於喜歡這款車的朋友，必須跑完這兩處博物館，才能把心中的中華之愛，完整地串連起來。

中華之星動車組的資料與比較表

車型	德國 ICE1	中國 中華之星
啟用年	1991	2005
營運速度(km/h)	280	270
長度(m)	358(12T) 411(14T)	275
編成	EL+12T(14T)+EL	EL+9T+EL
電壓	AC 15KV 16 2/3Hz	AC 25kv 50HZ
功率(kW)	9600	9600
運量	669	726

中華之星的客車氣墊轉向架，營運時速可以達到270公里。

保存於中國鐵道博物館的中華之星，中間無動力客車，一等座車RZ1。

6-7 CRH1A　CRH1B　客車動車組

　　2004年6月，中國鐵道部展開第六次鐵路大提速、時速200公里的高速動車組技術招標。由於2001年瑞典的戴姆勒ABB公司，已經被加拿大Bombardier龐巴迪運輸收購，當時由青島四方公司，與龐巴迪鮑爾鐵路公司合資的BSP得標，共獲得了20列的訂單。2004年10月12日，鐵道部與BSP簽訂合約，2005年5月30日，後續廣深鐵路公司以25.83億元人民幣的價格，向BSP訂購20列時速200公里的高速動車組，最終被定型為CRH1A。CRH1A從2007年2月1日開始在廣深鐵路上運行。

　　CRH1A型高速列車的原型車，是瑞典SJ Regina C2008型電力動車組，只有8輛EMU編成，產量高達80列。其實對於BSP公司來說，這是十分幸運的！因為中國高速鐵路CRH，從1-6共有五種系列，能取得CRH1，無非是拔得頭籌。

　　CRH1B型高速列車是在CRH1A基礎上，擴編至16節車廂，是高運量的長編組高速列車。CRH1B全列16節的EMU編組中，有10節動力車搭配6節拖車（10M6T），其中包括3節一等車，12節二等車，1節餐車。最高運營速度為250 km/h。就外觀而言，16輛編成的CRH1B，連結器下方沒有打開的觸桿；僅有8輛編成的CRH1A，連結器下方設有打開的觸桿，以便與另一列CRH1A動車組併結運行，而車體側面的外觀不變。

中國高鐵8輛編成的CRH1A。

CRH1設有簡餐車，同時也提供手推車販賣的服務。貫通門上方的資訊系統，提供時間、溫度、速度等即時資訊。CRH1頭等艙的內部陳設，為2＋2的四排座，上方還裝有電視。CRH1二等艙的內部陳設，為2＋3的四排座。而且 CRH1特別保留北歐火車的舒適風格，設有歐洲品味的商務桌。

CRH1B動車組共有20列，從2009年4月起就交付完畢，配屬上海鐵路局，以運行上海—南京、上海南—杭州為主，2009年5月1日，CRH1B開始營運。2011年7月不幸發生的動車組事故，D3115車次的列車，就是屬於這種型號，令人印象深刻。

CRH1A CRH1B 客車動車組的資料表

車型	CRH1A	CRH1B
啟用年	2007	2007
營運速度(km/h)	250	250
長度(m)	213.5	426.3
編成	5M3T	10M6T
電壓	AC 25kv 50HZ	AC 25kv 50HZ
功率(kW)	5300	11000
運量	670/604	1299
服務備註	1等車 2等車 餐車	1等車 2等車 餐車

16輛編成的CRH1B，連結器下方沒有打開的觸桿。

僅有8輛編成的CRH1A，連結器下方設有打開的觸桿，以便與另一列動車組併結運行。

CRH1頭等艙的內部陳設，為2＋2的四排座，上方還裝有電視。

CRH1二等艙的內部陳設，為2＋3的四排座。

CRH1特別保留北歐火車的舒適風格，設有歐洲品味的商務桌。

CRH1設有簡餐車，但是也提供餐桌，旅客可以在此地用餐。

6-8 CRH1E 臥鋪動車組

您聽過「高鐵動臥」嗎？一般人很難想像，高速鐵路的速度很快，很快就抵達目的地，怎麼會有臥鋪列車？誠然，一般高速鐵路的車廂，都是以座椅的空間陳設為主，如果在中國這種地大物博的國家，旅行的距離長達一兩千公里以上，那麼旅客搭火車「夕發而朝至」，而且火車夠平穩，睡眠品質佳，可以省下一晚的旅館住宿，與隔天一早搭飛機的費用，即使稍微貴一點還是划算。於是高鐵的車廂，也有類似旅館的房間，時速250公里的臥鋪動車組，就是所謂的「高鐵動臥」。

2007年10月31日，中國以龐巴迪研發的ZEFIRO

這是中國高鐵16輛編成的CRH1E，時速250公里的臥鋪動車組，注意其車門位置改變至車廂兩端，車頭也變得比CRH1A尖銳。

250系列為基礎，生產15列CRH1E，車頭外觀變得比較尖銳。CRH1E為16節車廂的EMU臥鋪動車組，每組包括10節動力車與6節拖車（10M6T），最高運營速度為250km/h。2009年11月4日，CRH1E開始營運，擔任北京至上海的

2015年中國高鐵動臥夕發朝至的旅行時間舉例表

序號	車次	運行區段	夜間始發時間	清晨終到時間	沿途停站
1	D903	北京西－深圳北	20:15	7:11	上車站：石家莊、邯鄲東、鄭州東 下車站：廣州南
	D904	深圳北－北京西	19:46	7:39	上車站：廣州南、長沙南 下車站：邯鄲東、石家莊、保定東
2	D923	北京西－廣州南	20:35	7:15	上車站：保定東、石家莊、鄭州東
	D924	廣州南－北京西	20:11	7:23	上車站：長沙南 下車站：石家莊、保定東
3	D905	上海虹橋－深圳北	20:10	7:05	上車站：杭州東、寧波
	D906	深圳北－上海虹橋	20:00	7:14	下車站：杭州東
4	D935/8	上海虹橋－廣州南	20:05	7:18	上車站：杭州東、寧波 下車站：深圳北
	D937/6	廣州南－上海虹橋	19:30	7:19	上車站：深圳北、惠州南、廈門北 下車站：杭州東
5	D313	北京南站－上海站	19:34	07:27	上車站：－ 下車站：常州站、南京站
	D314	上海站－北京南站	21:11	08:56	上車站：蘇州站、南京站 下車站：－

D313/314次列車，全程僅需11小時45分，成為全世界上第一款「夕發朝至」，營運時速達到250 km/h的高速鐵路臥鋪動車組。類似的西班牙Talgo200臥鋪列車（Tren hotel），營運時速只有200km/h而已。CRH1E與CRH2E堪稱是全球最快的高鐵臥鋪動車組。

基本上 CRH1E的軟臥車，定員40人，每間客房為四人一室，休息區還設有茶几、電視、沙發。其編組有1節高級軟臥車（WG）、12節軟臥車（WR）、2節二等車（ZE）和1節餐車（CA），全列車定員618人。其中位於10號車廂的高級軟臥車，這是CRH1E的所獨有的車廂，定員16人，設8間客房包廂，每個包廂只有2個臥鋪，每個包廂有床鋪、沙發和衣櫃，但是沒有獨立的洗手間，設有轉角式沙發的休息室。當時D313次從北京到上海，高級軟臥一夜票價高達1470元，不亞於飛機，實在也不便宜。

有鑑於高級軟臥的市場有限，後來第13-15列CRH1E，取消了高級軟臥車WG，並且以軟臥車WR代替，車廂定員16人變成40人，列車定員增加至642人。直到2015年底為止，CRH1E與CRH2E依然是今日中國高速鐵路臥鋪列車的絕佳代表。

CRH1E 臥鋪動車組的資料表

車型	CRH1E
啟用年	2009
營運速度(km/h)	250
長度(m)	428.9
編成	10M6T
電壓	AC 25kv 50HZ
功率(kW)	11000
運量	618席/642席
服務備註	2等車 餐車 有高級軟臥與軟臥

CRH1E臥鋪動車組，非常漂亮的臥鋪房間走道。（曾翔 攝）

CRH1E臥鋪動車組，休息區還設有茶几、電視、沙發。（曾翔 攝）

CRH1E臥鋪動車組，軟臥車的客房為四人一室，左右邊各有上下鋪。（曾翔 攝）

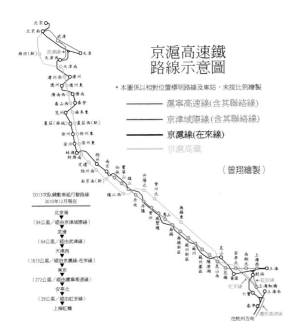

京滬高速鐵
路線示意圖

* 本圖係以相對位置標明路線及車站，未按比例繪製

───── 滬寧高速線(含其聯絡線)

───── 京津城際線(含其聯絡線)

───── 京滬線(在來線)

───── 京滬高鐵

（曾翔繪製）

D313次臥鋪動車組行駛路線
2010年12月現在

北京南
（84公里／經由京津城際線）
武清
（64公里／經由武清線）
天津西
（1013公里／經由京滬線-在來線）
南京
（272公里／經由滬寧高速線）
安亭北
（29公里／經由虹安線）
上海虹橋

臥鋪動車組CRH1E，設有餐
車提供夜間與晨間飲食。
（曾翔 攝）

臥鋪動車組CRH1E，D313次浩浩蕩蕩16節長編組，即將抵達上海虹橋站。（曾翔 攝）

6-9 CRH2A CRH2B 客車動車組

　　台灣高鐵700T，是日本新幹線的首次海外輸出，這是台灣民眾所熟悉的事。其實日本新幹線在同一時間，2007年也輸出到中國大陸，這就是中國高鐵的CRH2A。

　　基本上，日本新幹線的製造商有川崎重工、日本車輛及日立製作所三家，早年中國向擁有700系及800系技術的日本車輛及日立製作所洽商，但是日車及日立均拒絕向中國技術轉移，於是中國改向與四方有合作的川崎重工招手。當時川崎重工出售3組E2系1000番台，及其車輛製造技術售予中國，這就是CRH2A型。因此，後續的CRH2A型，是以日本新幹線的E2系1000番台為基礎，8輛編成的高鐵列車來生產，這

也是繼台灣的700T型後，第二款自日本輸出的新幹線列車。

　　2007年1月28日起，中國首批10組CRH2A，開始在滬杭線及滬寧線營運。當時在中國第六次鐵路大提速之前，列車最高營運時速，被限制在160km/h之內，也就是界定在傳統鐵路高速化的範圍。2007年4月18日「六提」實施以後，最高運營時速提高至250公里。因此，這也形成中國高鐵CRH何時開始營運的爭議，是2007年1月28日或4月18日的問題，不過CRH2A是最早商業營運的高鐵動車組，這是毋庸置疑的。

　　中國的CRH2A，基本上就是日本新幹線E2系1000番代的長窗版。第二節是頭等

中國的CRH2A與日本新幹線E2系1000番代的感覺非常近似。

艙，車窗為小方窗，與日本的Green car相同，雖然日本新幹線已經取消餐車，但是在CRH2A的設計上，還是在二等客車保留一部份餐車的空間。CRH2A共生產100列交付營運，並榮獲2007年度全國鐵路科學技術獎一等獎。

中國的CRH2B，則是在CRH2A 8輛編成4M4T的基礎上，加倍擴編至16節的長編成版本。設有3節一等車、12節二等車和1節餐車，座椅均可旋轉，車廂並加裝了電視螢幕。CRH2B編組方式是8M8T，最高營運時速為250公里，與CRH2A的外觀相比，車頭前方多一對「眼睛」。2008年8月1日起，CRH2B型動車組開始營運，不過CRH2B型的數目很少，總數僅有10列而已。

CRH2AB的二等艙，為2＋3的五排座，座椅和內裝比照日本新幹線相同的標準。

中國兩款高鐵CRH2A CRH2B客車動車組的資料表

車型	CRH2A	CRH2B
啟用年	2007	2007
營運速度（km/h）	250	250
長度(m)	201.4	401.4
編成	4M4T	8M8T
電壓	AC 25kv 50HZ	AC 25kv 50HZ
功率(kW)	4800	9600
運量	588/610	1230
服務備註	1等車 2等車 餐車	1等車 2等車 餐車

正高速奔馳通過昆山，開往南京16輛編成的CRH1B，注意和左頁的CRH1A相比較，CRH1B車頭前方多一對「眼睛」。

CRH2AB的頭等艙，為2＋2的四排座，客艙感覺與日本新幹線的Green car相同。

漢口站開往荊州的CRH2A型動車。

8輛編成的CRH2A，可以雙組併結運行，擴充至16輛。

中國高鐵CRH2C（前）與CRH2A（後），從藍色環帶繞經前方與多一對鳳眼車燈，可以明顯分辨出來。

6-10 CRH2A CRH2B 客車動車組

　　如果說青出於藍，更勝於藍，來形容中國高鐵引進外國的高鐵，卻發展出性能更優越的高鐵列車，CRH2C實在是當之無愧。

　　中國高鐵CRH2C動車組，是日本新幹線CRH2A的升級版，由南車四方公司製造，首列CRH2C於2007年12月22日出廠。這款CRH2C的最大特色，是8輛編成配備7200KW的功率，遠超過CRH2A的4800KW功率，營運時速從250km/h大幅度躍升至350km/h。

　　2008年5月13日，CRH2-061C在京津城際鐵路，最高速度達到372km/h，打破先前中華之星締造321.5km/h的紀錄，改寫了中國鐵路第一速。只不過該紀錄維持沒有多久，同年6月24日在京津城際鐵路，為

CRH3C的時速394.3km/h所打破。2008年8月1日起，隨著北京奧運活動，京津城際鐵路開始營運，CRH2C與CRH3C皆以營運時速350公里來服務，正式改寫世界高速鐵路史，直到2009年4月6日，CRH2C退出京津鐵路營運為止。2010年1月，CRH2C在鄭西高鐵，締造了時速393 km/h的紀錄，成為全世界目前跑得最快的新幹線列車。

　　中國高鐵CRH2C的高速集電弓，設置有整流罩減低風阻，車廂之間設有緩衝裝置，這是過去CRH2A與CRH2B所沒有的設備。此外，中國高鐵CRH2C與CRH2A相比，從藍色環帶繞經前方與多一對鳳眼車燈，CRH2C可以明顯分辨出來。

　　CRH2C的頭等艙，為2＋2的四排座，CRH2C的二等艙，為2＋3的五排座，並且

來自日本新幹線的升級版，中國高鐵CRH2C，時速可達350公里的動車組。上海站出發。

增加中央走道上方電視的服務。CRH2C的餐車，除了簡餐吧台以外，也提供餐桌讓旅客可以用餐。在上海世博會期間，CRH2C肩負形象大使責任，往返於上海與鄰近大都市，身材高挑的女性列車長，更是教人眼睛為之一亮！

CRH2C車在第一階段生產30列，第二階段生產30列，總共生產60列，均為8輛編組的設計。尤其是CRH2C在第二階段，參考CRH3C進行若干改造，多加一個抗蛇行減震器，尤其是列車總功率，從7200KW上修到8760KW，最高營運時速可望再度提升。然而，後續由於CRH380AL的發展，也取代了長編組CRH2D的計畫。

中國高鐵CRH2C 動車組的資料比較表

車型	中國高鐵 CRH2C	日本新幹線 E2系 N編成0番代
啟用年	2008	1997
營運速度 (km/h)	350	260
長度(m)	201.4	201.4
編成	6M2T	6M2T
電壓	AC 25kv 50HZ	25KV 50/60HZ
功率(kW)	8760	7200
運量	610	51/579
服務備註	1等車 2等車 餐車	1等車 2等車

CRH2C的頭等艙，為2＋2的四排座，

CRH2C的二等艙，為2＋3的五排座，

CRH2C的內裝與照明設施，與日本新幹線E2系非常近似。

CRH2C的餐車，提供餐桌讓旅客可以方便用餐。

CRH2C的外觀。

日本新幹線E2系的外觀,與中國高鐵CRH2C比較。

6-11 CRH2E 臥鋪動車組

由於中國地大物博，需要長距離運行的高速臥鋪列車，一般人稱之為高鐵動臥。於是在2007年11月，鐵道部以CRH2B長編組座車為基礎，設計CRH2E型16節長編組的臥鋪動車組，總數為20列，最高營運時速為250公里，2008年12月6日開始營運。尤其是高鐵動臥行走京廣鐵路，從北京到廣州，行走京滬鐵路，從北京到上海，夕發而朝至，可以省下可觀的住宿費用。

如前面CRH1E所述，CRH2E的研發概念完全相同，共設有16節車廂，設有13節軟臥車、2節二等車和1節餐車。每輛軟臥車裡面有10個包廂，共有40個床鋪，每個床鋪均安裝附有耳機的液晶電視，以及旅客呼喚系統，可以即時聯繫乘務員。車廂均安裝了AC220V家用電源插座，提供旅客使用電腦時充電，餐車內設有吧檯和三台液晶電視，

中國兩款高鐵臥鋪動車組CRH2E 與 CRH1E 的資料比較表

車型	CRH2E	CRH1E
啟用年	2008	2009
營運速度 (km/h)	250	250
長度(m)	401.4	428.9
編成	8M8T	10M6T
電壓	AC 25kv 50HZ	AC 25kv 50HZ
功率(kW)	9600	11000
運量	630席	618席
數目	19列	15列
服務備註	軟臥車 2等車 餐車 以軟臥為主	軟臥車 2等車 餐車 外加高級軟臥一節

堪稱是服務相當高檔的臥鋪動車組。

只是很令人遺憾，2011年7月23日發生的溫州動車組事故，D301車次即是這款型

時速250 km/h的臥鋪動車組CRH2E，飛奔而過。

號CRH2E-2139，從此20列CRH2E少了一列，僅剩19列。但是這件不幸的事件，並不能因此而否定這款高鐵動臥的價值。

隨著中國高鐵路網的逐步完成，2015年中國鐵道總公司，增開高鐵動臥列車的服務，以滿足2月春運高峰期旅客出行需求，鐵路部門增開北京西至深圳北、北京西至廣州南的高鐵動臥列車，CRH1E與CRH2E更是大量開行車次。透過高鐵動臥的服務，大江南北真的成了24小時以內的一日生活圈。實現了高鐵動臥，夕發朝至，經濟實惠，大多數千元有找的美夢。

相較於航空票價與住宿費用，高鐵動臥列車的票價，只要壓在千元附近，票價十分的便宜，有絕對的競爭優勢。以2015年2月23日至2月28日，中國開行的高鐵動臥列車票價為例：上海虹橋－深圳北，上鋪700元、下鋪780元；上海虹橋－廣州南，上鋪800元、下鋪900元；北京西－廣州南，上鋪990元、下鋪1120元；北京西－深圳北，上鋪999元、下鋪1190元。2015年4月10日起試行季節性票價優惠票價：上海虹橋～深圳北（廣州南）：動臥上鋪560元、下鋪630元；北京西～廣州南（深圳北）：動臥上鋪700元、下鋪800元。實在是物超所值啊！

2015年中國增開高鐵動臥列車的公告

車次	運行區段	始發時刻	終到時刻
D901次	北京西－深圳北	19：40	7：06
D902次	深圳北－北京西	19：30	7：18
D921次	北京西－廣州南	20：00	7：05
D922次	廣州南－北京西	20：00	7：08

臥鋪動車組CRH2E的餐車。（曾翔 攝）

臥鋪動車組CRH2E的軟臥車廂走道。（曾翔 攝）

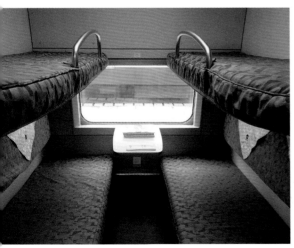

臥鋪動車組CRH2E，屬於南昌鐵路局的高級軟臥包廂。
（曾翔 攝）

臥鋪動車組CRH2E，即將駛抵上海虹橋站。（曾翔 攝）

Box | 如何分辨CRH2A CRH2B CRH2C CRH2E

從CRH2A到CRH2E，締造了CRH2系列在中國的
種類最多最齊全的紀錄，共有四款動車，其外
觀近似，容易混淆。

其實，仔細觀察其細節，還是不難分辨：
CRH2A的車頭，來自日本新幹線E2系的原版，
只是多了和諧號三個字；CRH2B與CRH2E的外
觀相同，相較於CRH2A，車頭只多一對「鳳
眼」車燈，並沒有藍色腰帶，繞經車頭前方。
而CRH2C的車頭，最為漂亮，有「藍色腰帶」
繞經車頭前方，並多一對「鳳眼」車頭燈。這
幾個外觀差別，您看出來了嗎？

CRH2A

CRH2C

CRH2B 與 CRH2E

6-12 CRH3C 客車動車組

在中國的CRH380系列尚未出現以前，CRH3C型動車組的誕生，立刻展露鋒芒，成為當時中國高速鐵路最快的列車。

CRH3C承襲西門子Velaro ICE3的血統，在德國本土製造首批2列CRH3C列車，2008年1月運抵中國，後續78列CRH3C，由唐山軌道客車在中國製造。CRH3不同於其他的CRH1、CRH2與CRH5，沒有A型或B型，換言之，沒有時速250公里級別的車款，一開始推出就是350公里級別的高速車款。無疑地CRH3C有著德國高級列車的優越血統，行家既出，誰與爭鋒的光芒。

CRH3C採用EMU動力分散式，8輛編組4M4T，有4節動力車和4節拖車，最高運營速度達350km/h。列車沿襲ICE3的傳統，頭尾端有可以展望駕駛風景的特等座，每列8個席位，這是CRH2C沒有的；並設有一等座車（ZY）1輛、四排座2+2方式；二等座車（ZE）6輛、五排座2+3方式，和餐車合併的二等座車（ZEC）一輛。CRH3C的座席配置，這一點跟日本新幹線相同，卻比歐洲的Velaro系列，要多上一排座位，成為全球速度最快與運量最大，8輛編組的Velaro系列。

CRH3C的高速集電弓，設置有整流罩以減低風阻，以及即時監視器。CRH3C的頭等艙，為2+2的四排座，中央走道上方有電視的服務。CRH3C的二等艙，為2+3的五排座，而且提供商務桌，六人同席可以開小型會議，十分方便。CRH3C的餐車吧台設計，來自德國ICE3的Bord Bristro。木結構的吧台，十分雅致，又增添幾許中國風。

來自德國Velaro系統的CRH3C，營運時速350 km/h的動車組，正從上海虹橋車站出發。

德國Velaro系統，CRH3C的原版ICE3，正駛出科隆大教堂。

因應中國特有的國情，設置茶水間，以提供泡麵與泡茶之所需。搭乘中國高鐵，旅客隨車附贈礦泉水一瓶。

第一列國產的CRH3-001C，由唐山軌道客車製造，於2008年6月24日，在京津城際鐵路，僅花了5分鐘就達到時速300公里。上午9時13分，CRH3-001C創下了最高時速394.3公里，刷新中國鐵道第一速。2008年8月1日起，隨著北京奧運起跑，京津城際鐵路開始營運，CRH3C與CRH2C以時速350公里運行，成為世界高速鐵路營運時速最快的車種。不過受到溫州事故影響，2011年8月16日起，最高營運時速已經下降為300公里。

2009年12月9日，CRH3-013C終於在武廣客運專線，達到了最高時速394.2公里，創下了兩組高速列車併結運行的模式，世界高速鐵路史上最高速度記錄。如今這項紀錄上世界上尚無超越者，CRH3C也刷亮西門子Velaro的東方新品牌。後續由於CRH380BL的成功發展，取代了原本CRH3C變成16輛長編組CRH3D的計畫。

中國兩款350公里等級高鐵動車組CRH3C與CRH2C的資料比較表

車型	CRH3C	CRH2C
啟用年	2008	2008
營運速度 (km/h)	350	350
長度(m)	200	201.4
編成	4M4T	6M2T
電壓	AC 25kv 50HZ	AC 25kv 50HZ
功率(kW)	8800	8760
運量	601	610
服務備註	1等車 2等車 餐車 列車兩端有特等艙	1等車 2等車 餐車
技術來源	德國西門子	日本川崎重工

德國Velaro系統，ICE3的內裝結構，十分舒適豪華。

中國CRH3C的特等艙，承襲德國ICE3的設計，設置在駕駛室的後方。

透明寬大的玻璃牆，可以觀賞前方駕駛室的風景。

CRH3C的車廂上方，鏡面式的顯示器，時速達到336km/h。

CRH3C的二等艙有提供商務桌的服務，這是歐洲火車的既定風格。

6-13 CRH5A 客車動車組

　　CRH5型的電力動車組，雖然它的編號在最後端，但是它的引進時間，卻是最早的一款。2004年8月，中國鐵道部展開鐵路第六次大提速，在時速200公里級的首輪高速動車組招標，法國的Alstom是得標廠商之一，獲得了首批60組高速列車的訂單。2004年10月10日，鐵道部和Alstom正式簽訂合約，將7項高速列車的技術轉移給中國，定名為CRH5型。

　　因此，CRH5型動車組，雖然是由法國Alstom製造，不過車輛卻不是法國最有名的TGV，而是來自義大利Pendolino的技術，以新款的Alstom Pendolino ETR600輸入至中國。CRH5採用動力分散式設計，有別於法國TGV的動力集中式設計，以義大利ETR600傾斜列車為基礎，但取消其傾斜功能。在耐寒性方面，CRH5參考芬蘭鐵路SM3的技術，比CRH1及CRH2為佳，溫度承受範圍可達±40℃，因此大多數CRH5運行於中國東北地區。

　　第一組CRH5—001A列車，從義大利Savigliano裝船運往中國，至2007年1月28日抵達大連港。CRH5共有三列原裝進口，後續由

來自義大利Alstom Pendolino的技術，ETR600輸入至中國，中國高鐵CRH5A。

中國高鐵CRH5A為8輛編成，可以兩組併結運行，變成16輛加大其運量。

長春軌道客車在中國生產，一共製造120列之多。CRH5於2007年4月18日起，正式運行於京哈線上。不過由於技術特殊，CRH5A成為CRH5唯一的一款車，沒有後續的車款產生。

　　CRH5A的系列中，最為特別一部，0號高速綜合檢測車，相當於日本的Dr.Yellow。中國CRH5A與義大利ETR600的內裝差異極大，二等艙為2＋3的五排座，比較擁擠；CRH5A的頭等艙，為2＋2的四排座，車廂兩端有電視的服務。CRH5A的餐車吧台，並不設置餐桌，維持歐洲火車的簡約風格。

CRH5A動車組的資料表

車型	CRH5A
啟用年	2007
營運速度(km/h)	250
長度(m)	211.5
編成	5M 3T
電壓	AC 25kv 50HZ
功率(kW)	5500
運量	622/587
服務備註	1等車 2等車 餐車

中國高鐵CRH5A的原版，義大利的Alstom Pendolino ETR600型。

中國高鐵CRH5A，二等艙為2＋3的五排座，座位數多，但是比較擁擠。

這是義大利與瑞士，原始的ETR600與ETR610型的內裝，空間比較寬大。

義大利Alstom Pendolino ETR600型，具有傾斜功能的轉向架。

中國高鐵 CRH5A的轉向架，沒有傾斜功能，改成氣墊彈簧。

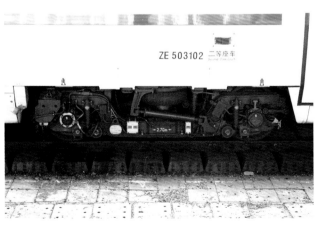

6-14 CRH6 客車動車組

CRH6是目前中國最新的動車組，它不同於前面幾款高速動車組，速度與運量都次一級，是屬於城際與市郊通勤用的動車組。是由中國南車青島四方機車車輛公司，和南車南京浦鎮車輛公司所共同研製開發的電聯車。該款城際與市郊通勤列車由四方技術總負責，浦鎮四方聯合設計，並分別在兩公司及廣東基地生產。

CRH6型動車組，適用於城市間以及市區和郊區間的短途通勤客運，滿足載客量大、快速乘降、快啟快停的運營要求。CRH6型共有三種，A為8輛編組，最高營運速度200 km/h。F為8輛編組，最高營運速度160km/h。S為4輛編組，最高營運速度140 km/h。

CRH6動車組的資料表

車型	CRH6A	CRH6F	CRH6S
啟用年	2014	未定	未定
營運速度（km/h）	200	160	140
長度(m)	201.4	201.4	94.4
編成	4M4T	4M4T	2M2T
電壓	AC 25kv 50Hz	AC 25kv 50Hz	AC 25kv 50Hz
功率(kW)	5520	5152	2200
運量	610	610	610
服務備註	城際與市郊通勤	城際與市郊通勤	城際與市郊通勤

中國CRH6A雖然不是高鐵，但是其流線的外型，仍然十分亮眼。（南車青島四方機車車輛廠的新聞圖片）

中國CRH6A的內裝，兼顧城際長途旅次與市郊通勤旅次兩種需求。（南車青島四方機車車輛廠的新聞圖片）

6-15 CRH380A AL客車動車組

1435mm

　　2008年北京奧運期間，中國高速鐵路的CRH2C與CRH3C，已經發展到營運時速350公里，這已經是全世界營運時速最快的高鐵，但是中國鐵道部並未因此而滿足。當時為了京滬高速鐵路營運時速380公里的要求，因此需要在CRH2C的基礎上，提升整體列車動力性能，尤其是空氣動力外形，非得作出了巨大的改變不可。2009年6月，由南車青島四方機車車輛製造，設計出CRH2-380動車組，後來改為CRH380A，目標為試驗時速400公里以上，最高營運時速為380公里。2010年CRH380A更首度在上海世博會中，中國鐵路館前正式亮相。

　　中國高鐵CRH380A有著非常尖銳的車鼻，雖然有著新幹線的血統，但已經脫離

原有E2系新幹線外型的框架。CRH380A是8節短編組，為6M2T的編組，生產40列；而CRH380AL是16節長編組，為14M2T的編組，生產100列，總共生產140列。2010年9月30日，CRH380A相繼開始配屬上海鐵路局，正式在滬寧城際鐵路服務。京滬高速鐵路於2011年6月30日通車，也以CRH380為主力營運車種。

　　2010年9月28日，CRH380A在滬杭客運專線進行高速試驗，上午10時40分，由上海虹橋開往杭州的CRH380A-6001列車，達到413.7 km/h。11時37分，由杭州折返上海虹橋的運行途中，最高時速達到416.6 km/h，再次刷新"中國鐵路第一速"的紀錄！2010年12月3日，CRH380A-6401L動車組，11時

從上海站出發的CRH380A，高速開往南京。

28分，在京滬高鐵宿州東站附近達到486.1km/h。如果排除特殊改造編組列車，法國TGV-V150最高試驗速度為的574.8km/h，CRH380AL已經榮居世界高鐵，正常營運編組列車，最高試驗速度486.1km/h的寶座。不過受限於溫州事故，目前CRH380A系列都以時速300公里運行。

雖然CRH380A風格與日本500系新幹線相似，不過它的鼻端比較圓，有連結器蓋，可以併結其他車輛。同一角度比較日本500系新幹線，淚滴型戰機座艙與車頭燈是最相似的地方。行李架上方的反射式照明，與原來的新幹線風格迥異，堪稱日本新幹線和德國ICE3的綜合體。

中國高鐵CRH380A的頭等艙，為2＋2的四排座，走道上方有電視的服務。

中國高鐵CRH380A的二等艙，為2＋3的五排座，車廂兩端有電視的服務。

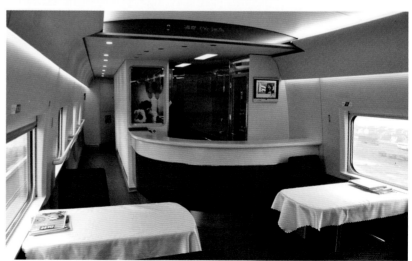

中國高鐵CRH380A的餐車內裝，吧台以深紅色，裝飾出中國的喜氣，並且提供餐桌，讓旅客可以舒適用餐。

CRH380A CRH380AL客車動車組的資料表

車型	CRH380A	CRH380AL
啟用年	2010	2010
營運速度(km/h)	380	380
長度(m)	203	403
編成	6M2T	14M2T
電壓	AC 25kv 50HZ	AC 25kv 50HZ
功率(kW)	9600	20440
運量	480	1061
服務備註	1等車 2等車 餐車 (觀光區) VIP座	1等車 2等車 餐車 (觀光區) VIP座

這種VIP座十分地豪華舒適，僅有在CRH380系列的商務車車廂，採用1+2三排座，類似日本新幹線E5系的Gran class。

中國高鐵CRH380A的駕駛座。

中國高鐵CRH380A的車廂上方，鏡面的顯示器，時速達到346公里，高速行駛卻是寂靜無聲。

中國高鐵CRH380A的乃是結合德國高鐵ICE3與日本新幹線500系的綜合體。

6-16 CRH380B BL客車動車組

　　如前面所述，從2008年8月1日起，CRH3C達到營運時速350公里，已經榮居世界營運時速最快的高鐵，但是中國鐵道部並不以此而自滿。為了京滬高速鐵路營運時速380公里的要求，於是2008年9月，鐵道部以CRH3C車組為基礎，研發CRH3-350，更進一步提升為CRH3-380動車組；希望在京滬高速鐵路的行車時間，可由原規劃的5小時縮短至4小時。於是，新一代動車組誕生，CRH380B系列於2009年1月27日正式啟用。

　　這款中國自主研發的時速380公里的動車組，其中CRH380B與G高寒型CRH380BG都是8節4M4T的短編組，而CRH380BL是16節8M8T的長編組，後者連結器的外蓋不能打開，取消併結運行功能。不過列車功率從原來CRH3C的8800KW，CRH380B微幅上修到9200KW，而CRH380BL的功率加倍為18400KW，是相當強悍的高鐵動車組。

　　2010年11月28日起，CRH380BL開始在滬寧城際高速鐵路上試運行，12月5日，CRH380B在京滬高鐵的先導段，最高試驗速度達到457km/h。2011年1月9日，特殊改造編組的CRH380B-6402L動車組，以8M4T去掉4T，在京滬高鐵徐州至蚌埠先導段的運行試驗，創造了487.3km/h的最高試驗速度。2011年1月13日起，CRH380BL動車組開始在滬杭高速鐵路營運，最高營運時速為350-380公里。奈何受到2011年7月溫州事故的影響，目前2012年CRH380B系列，還是以時速300公里運行。

　　中國CRH380B系列除了一等座車之外，還有更高等級的觀光座車（特等艙），視野

中國自主研發時速的CRH380BG型動車組，駛出哈大高鐵的哈爾濱西站。

絕佳，乃承襲德國ICE3的設計，設置在駕駛室的後方。為了因應中國特有的國情，餐車設置很多的餐桌，以提供旅客方便用餐，並且設有茶水間，以滿足泡麵的需求。

基本上，CRH380B系列與CRH3C的外觀頗多雷同。不過CRH380B系列連結器外蓋不能打開，車燈旁取消通風孔。CRH3C連結器外蓋可以打開，其車燈旁有通風孔。由於車頭外觀相同，只能從編號分辨，例如CRH380-6408L，L代表的是長編組16輛，用以區別CRH380B短編組與CRH380BL長編組。而CRH380BG則是短編組"高寒型"動車，主要行駛於哈大高鐵。

CRH380B CRH380BL客車動車組的資料表

車型	CRH380B	CRH380BL
啟用年	2010	2010
營運速度(km/h)	380	380
長度(m)	200	399.27
編成	4M4T	8M8T
電壓	AC 25kv 50HZ	AC 25kv 50HZ
功率(kW)	9200	18400
運量	496/556	1005
服務備註	1等車 2等車 餐車 商務VIP座與特等座	1等車 2等車 餐車 商務VIP座與特等座

中國高鐵CRH380B型的一等艙，為2＋2的四排座，走道上方有電視的服務。

中國高鐵CRH380B型的二等艙，為2＋3的五排座，走道上方有電視的服務。

中國高鐵CRH380B型的車廂上方，鏡面的顯示器，時速達到345公里。

中國高鐵CRH380B型，設有透明的圓弧型車掌室，這是來自德國ICE3的設計。

中國CRH380B型動車組的商務艙，設置在觀光車的位置，也就是承襲德國ICE3的設計，在司機駕駛室的後方觀賞前方視野。

在CRH380四種系列的商務車車廂，採用1+2三排座，類似民航機頭等艙的可躺平式座椅，也近似日本新幹線E5系以後所提供的Gran class。

Box ｜ CRH380系列的豪華座艙變化──觀光座與VIP座

原有的中國CRH系列的座位，皆以一等座、二等座為主，但是CRH380系列則是設有一等座、二等座、觀光座、VIP商務座，四個等級座席。其中所謂的觀光座，就是旅客坐在駕駛座的後方，透過玻璃帷幕牆看到駕駛員的操作，等級與CRH3C型列車兩端的特等座相同，這種座席在CRH380A型與CRH380B型動車組都有設置，後來也延伸到CRH380C型與CRH380D型。而VIP座僅有在CRH380四種系列的商務車車廂，採用1+2三排座，類似民航機頭等艙的可躺平式座椅，也近似日本新幹線E5系以後所提供的Gran class。這也是CRH380系列比原始CRH系列動車組服務更為精緻的地方。

6-17 CRH380CL客車動車組

在2012年以前，過去中國高鐵的自主研發之路，從CRH380A型以CRH2C為基礎，到CRH380B型以CRH3C為基礎，基本上這些時速380公里的動車組，還是離不開日本新幹線，或是德國ICE3的影子。

如果讓德國ICE3的流線車體，加上日本新幹線的長鼻子，也就是以CRH3C型的基礎，拉長它的車鼻；車燈從連結器上方拉至兩側。讓空氣動力外形做出了優雅的改變，這就是中國自主研發的CRH380C系列動車組，造型變得很可愛，宛如白蛇一條，令人眼睛為之一亮！

CRH380C是中國自主研發的客車動車組。而CRH380CL型動車組，採用8M8T的編組，功率為19200KW，最高運營時速為380公里。CRH380CL的座席配置與CRH380BL相同，包含2輛VIP商務車、2輛一等座車、11輛二等座車和1輛餐車所組成。2012年初，CRH380CL列車訂單總數為25列，全部由長春軌道客車生產，2013年4月3日正式投入營運，設計時速可達380公里。

CRH380CL大量運用於上海鐵路局，在寧杭高鐵、滬杭高鐵、杭甬高鐵、滬寧高鐵可以搭到這款車之外，此外在北京鐵路局所屬的京滬高鐵、膠濟客運專線，也可以搭乘到嶄新的CRH380CL動車組。如今中國高鐵CRH380BJ型的高速綜合檢測列車，也是以CRH380C為藍本。

這是中國高鐵的CRH380CL型16節編組，正從北京南站進站中。相較於下圖CRH3C型，車鼻更加地流線形。

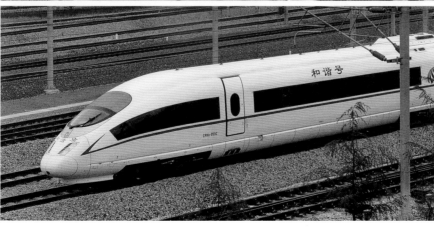

對照其原始形式CRH3C型，CRH380C型等於是將車鼻拉長，而且車燈從連結器上方拉至兩側。

這是以中國高鐵CRH380C為藍本，所發展的高速綜合檢測列車，卻被編成CRH380BJ型。

CRH380CL客車動車組的資料表

車型	CRH380CL
啟用年	2012
營運速度(km/h)	380
長度(m)	403
編成	8M8T
電壓	AC 25kv 50HZ
功率(kW)	19200
運量	1009
服務備註	1等車 2等車 餐車 商務VIP座

中國高鐵CRH380C型的動車組，也有頂級的VIP商務座。

中國高鐵CRH380CL型的鼻端特寫，其流線造型十分有趣。

6-18 CRH380D客車動車組

中國高鐵的CRH380D，原始設計是來自Bombardier的最新銳Zefiro380。在2010年9月舉行的Innotrans 2010，德國柏林國際軌道交通技術展覽會，龐巴迪首度公開展示。

CRH380D對照其原始形式的CRH1E，CRH380D等於是將車鼻拉長的變形版，設計更具美感。原本中國計畫生產CRH380D是8節短編組，CRH380DL是16節長編組，不過後來CRH380DL的計劃取消，只保留70列CRH380D的訂單，於2015年5月20日起正式交付營運，CRH380D最高設計營運時速為380公里。

CRH380D是中國高鐵現今2015年為止，最為新銳的高鐵動車組，車廂內容由VIP商務座車、一等座車、二等座車和餐車所組成，其配備大致上與CRH380C相同。如今CRH380D投入服務，大量運用於上海鐵路局，北京到廣州的京廣高鐵、寧杭高鐵、京滬高鐵、滬杭高鐵、杭長高鐵、杭甬高鐵、甬台溫鐵路、合寧鐵路，旅客都看得到這款動車。尤其CRH380D猶如跑車一般的車燈，尖銳又不失內斂的造型，贏得中外許多鐵道愛好者的一致好評！

中國高鐵最新世代的CRH380D，來自龐巴迪Bombardier的最新銳Zefiro380。（Bombardier的廣告圖）

中國高鐵的CRH380D型動車組。

中國高鐵的CRH380D的一等車內裝。

CRH380D客車動車組的資料表

車型	CRH380D
啟用年	2015
營運速度(km/h)	380
長度(m)	201.4
編成	4M4T
電壓	AC 25kv 50HZ
功率(kW)	8760
運量	610
服務備註	1等車 2等車 餐車　商務VIP座

DMU / Push-Pull內燃動車組　1435mm軌距

6-19 早期中國自主研發的柴油動車組

　　中國研發柴油動車與柴油機車，都是在1950年後期，名字都叫東風型。只是當時柴油動車並未普及，柴油機車卻成功地大量生產。

　　早在1958年，中國自主研發的東風型柴油動車組，液力變速傳動，其外型酷似前蘇聯ER2型電聯車（俄語：Электропо́езд ЭР2），這是蘇聯鐵路的電聯車車型之一，也是蘇聯最著名、產量最大的動車組車型。由拉脫維亞的里加車輛製造廠設計製造，適用於直流電3000V的電氣化鐵路，累計產量超過900組，被廣泛運用於蘇聯各地的直流電氣化鐵路，以及蘇聯解體以後的獨立國協國家。當時中國還沒有鐵路電氣化，東風型柴油動車組，只能說是一個仿製蘇聯的試驗。

　　事隔四十年以後，中國已經走出那個仿製蘇聯的年代，1998年中國研發出NZJ型，盧山號雙層柴油動車組，DL＋2T＋DL共有四節，最高營運時速120km/h。雖然後來沒有量產，但是中國研發柴油動車技術，已經有長足的進步。

　　隔年1999年，四方機

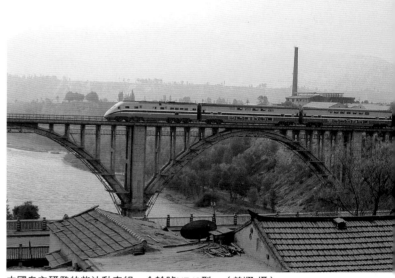

中國自主研發的柴油動車組，金輪號NZJ2型。（曾翔 攝）

神舟號NZJ2型柴油動車組的鐵道模型。

車車輛廠研發NYJ1柴油動車組問世，「N」代表內燃動車組、「Y」代表液力傳動式（柴液模式）、「J」代表動力集中方式，輸出功率高達2000KW，液力變速傳動，最高營運時速120km/h。一共量產有13組，有五輛（Mc＋4T＋Mc），十輛（Mc＋8T＋Mc）兩種編組，並且陸續被命名為「北海號」、「北亞號」、「晉龍號」、「盧山號」、

「旱露號」，在各地非電氣化區間服務，這是中國自製柴油動車組，實用化的里程碑。

2000年開始，由大連機車廠、長春客車廠與四方機車車輛廠所研發，NZJ2雙層柴油動車組問世，「N」代表內燃動車組、「Z」代表直流馬達傳動（柴電模式）、「J」代表動力集中方式，這款柴油動車組

也就是知名「神州號」與「金輪號」。該款動車前後各有一部柴電機車，為Co-Co六個動軸，中間為雙層客車，最高時速160公里，一時之間，創造鐵路非電氣化路段最高的營運速度，著實令人稱羨！不過，如今隨著電氣化路段的普及，CRH電力動車的流行，這些柴油動車組，也成為中國鐵道歷史的一頁。

早期中國自主研發的柴油動車組的資料表

車型	年代	結構	組態	營運速度	輸出功率	製造廠	生產
東風型	1958年	液力變速傳動	Mc＋4T＋Mc (DMU)	120	880 KW	四方機車車輛廠	1
NZJ型 雙層廬山號	1998年	柴油電力傳動	DL+2T+DL (Push-Pull)	120	864 KW	唐山軌道客車廠	2
NYJ1 「北海號」 「北亞號」 「晉龍號」 「廬山號」 「旱露號」	1999年	液力變速傳動	Mc＋4T＋Mc Mc＋8T＋Mc (DMU)	120	2000 KW	四方機車車輛廠	13
NZJ2雙層 「神州號」	2000年	柴油電力傳動	DL+10T+DL (Push-Pull)	160	5080 KW	大連機車廠 長春客車廠 四方機車車輛廠	5
NZJ2雙層 「金輪號」	2001年	柴油電力傳動	DL+4T+DL (Push-Pull)	160	5080 KW	大連機車廠 四方機車車輛廠	4

中國自主研發的柴油動車組，神舟號NZJ2型。（曾翔 攝）

中國自主研發的柴油動車組罕露號NYJ1型。（曾翔 攝）

拉脫維亞的里加車輛製造廠的ER2型電力
動車組。

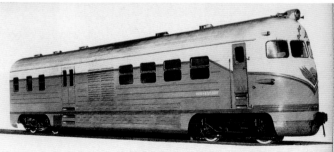

中國在1958年首次自主研發的，東風型柴油
動車組。圓滑車頭、車燈等外型設計，乃參考
上圖ER2型動車組。

6-20 和諧號長城號　推拉式動車組

　　和諧號長城號是中國唯一現役的柴油動力推拉式列車。2008年由戚墅堰機車車輛廠與南京浦鎮車輛廠所生產，頭尾是柴油動力的機車頭NDJ3，N是內燃，「J」代表動力集中方式、是中國鐵路的準高速柴聯車，中間是25DT型鋁合金製客車。

　　和諧號長城號每組均為九節編組列車，屬於動力集中式，包括首尾兩節動力柴油機車，和中部七輛載客拖車，編組為NDJ3機車頭＋ＺＹ２５ＤＴ三節＋CA25DT一節+ZE25DT三節+NDJ3NDJ3機車頭，總定員406人，最高營運速度可達160km/h。

　　和諧號長城號座位的空間非常地寬大。二等艙為2+3的五排座，列車走道上方有電視的服務。和諧號長城號的餐車，有非常雅致的餐桌，而且將窗戶加大，視

在冰天雪地裡，翻越萬里長城的NDJ3「和諧長城號」，推拉式柴油動車組。

居庸關萬里長城的雪景。

和諧號長城號駛入八達嶺車站。前方後方為柴油動力車頭，中間為25DT型無動力客車廂。

野更佳寬闊。和諧號長城號的電視，火車開動後先播放一段行車安全須知，跟飛機起飛前的安全教育，沒有兩樣。車廂的兩端上方有電視螢幕，以及LCD顯示器。和諧號長城號設有茶水間，讓旅客可以泡麵。和諧號長城號的頭等艙，為2＋2的四排座，格局與舒適程度，完全不亞於高鐵呢！

如今和諧號長城號，從原本的鐵路運輸，變成市郊的軌道交通工具。在北京市郊鐵路S2線運行，從北京北站往返於八達嶺之間，票價十分地便宜，只要六塊錢即可，是旅客搭火車遊長城的最佳選擇。

和諧號長城號的頭等艙，為2＋2的四排座，格局與舒適程度完全不亞於高鐵。

和諧號長城號的資料表

車型	和諧號長城號
啟用年	2008
營運速度(km/h)	160
長度(m)	201.4
編成	DL+7T+DL
電壓	4000
功率(kW)	406
運量	496/556
服務備註	1等車 2等車 餐車

和諧號長城號的二等艙，為2＋3的五排座，列車走道上方有電視的服務。

和諧號長城號的餐車，有非常雅致的餐桌，而且將窗戶加大，視野更佳寬闊。

和諧號長城號的電視，火車開動後先播放一段行車安全須知。

6-21 滇越鐵路的米其林動車

米其林動車是中國最古老的動車，遠在1914年即已誕生，屬於昔日滇越鐵路的米軌1000mm，是非常特別的動車形式。米其林的技術來自法國Michelin，Rubber tired Rapid Transit，也就是在鋼輪外面，尚有一圈膠輪包覆外層，所以十分的特別，俗稱Michelin系統。

米其林動車，它前後有兩個轉向架，各有四對輪軸，全長19.7m，寬2.6m，自重8.0公噸，輸出功率117.6千瓦，最高時速竟可達100公里，在窄軌的世界裡，可以跑得很快，這就是它的特徵，也是令人匪夷所思的地方。

基本上米其林動車，有點介於火車與汽車之間，它是以輪胎作為支撐及導引的車輛，行駛在窄軌的軌道上，基本上的優點如下：經由輪胎良好的黏著力，獲得極佳爬坡力；獲得較佳的加、減速度，以提高營運速度；在急轉彎的曲線上可減少噪音，提高旅客搭乘之舒適程度。當今全球類似Michelin系統主要以法國的膠輪技術為代表，例如巴黎與馬賽的地鐵系統。

雖然，米其林動車只有

保存於雲南鐵路博物館的米其林動車。

滇越鐵路的米其林動車，行走於人字形橋。（雲南鐵路博物館的老照片）

米其林動車的技術專利，有膠輪包覆著鋼輪外層。

米其林動車的資料表

車型	和諧號長城號
啟用年	1914
營運速度(km/h)	100
長度(m)	19.7
編成	1000
電壓	117.6
功率(kW)	28
運量	公務車
服務備註	1等車 2等車 餐車

一節車體，前後都有駕駛座，渾圓高貴的造型，宛如一部大型汽車放在軌道上。由於米其林動車在1914年代便已經存在，當時被當成公務車使用，可以說是中國境內最古早的動車。如今，米其林動車已經退役，成為滇越鐵路的重要歷史文物，保存於雲南鐵路博物館。

滇越鐵路的符號，烙印在米其林動車，成為歷史的印記。

法國Michelin的字樣，在米其林動車身上。

米其林動車的內部。

米其林的技術來自法國Michelin，Rubber tired Rapid Transit，這是相同技術運用於馬賽的地鐵。

6-22 其他特別的動車類型

　　雖然，狹義的動車以EMU與DMU為主，至少要兩輛以上編組，其實，廣義的動車，應該也包含單輛自走客車Railcar，以合乎客車具有自走動力的意義，例如米其林動車即是，在台灣即是DRC1000型自走客車。

　　中國鐵道用於工務巡視的雙軸內燃自走動車，以及裝有轉向架，可牽引施工車輛的自走動車，都應該屬於特別動車的範圍。這些動車除了用於工地巡視，也用於牽引工程用車，因此，牽引力也達到小型內燃機車的規模，以具有獨立牽引的工程車的能力。

於鐵道工務段維修的雙軸內燃自走動車，海拉爾工務段。

用於工務巡視的雙軸內燃自走動車，北京鐵道環形試驗線旁。

中國鐵道牽引施工車輛的自走動車，牽引力也達到內燃機車的規模。

7

中國鐵道的客車

Passenger Car

東風型內燃機車牽引22型客車，從滿歸至海拉爾，內蒙古鐵路。

7-1 認識中國鐵道的客車

中國鐵道幅員廣大，涵蓋大江南北，鐵路客運是國民遠行的腳，是人民食衣住行中的基本權利，鐵路客運更是國家重要的基礎建設。因此，中國鐵道的客車，服務範圍相當地廣泛，從座位到臥鋪到餐車，從最基本的到最高級的，種類相當地多。硬座、軟座、硬臥、軟臥是基本觀念，從無座到最高級的特等座一應俱全，中國鐵道的客車，真的是種類繁多，琳瑯滿目。

認識客車空間分等是必備功課

認識中國鐵道的客車，應注意其分等，主要是「空間分等」，是依照旅客的乘坐空間大小來區分票價，若是動車組，則分成商務座、特等座、頭等座、二等座一共四種，動車速度可達200公里以上，乘坐空間有基本的舒適程度，座椅分成了雙排、三排、四排、五排座等，部分動車有提供軟臥，在動車單元已經介紹，不在此贅述。

若是一般的客車，分成軟臥、軟座、硬座、硬臥四等，軟字代表比較好，硬字代表基本的，臥字代表有床，座字代表座位。如果是中短程的列車，沒有過夜的需求，則沒有提供軟臥、硬臥車。如果是長程過夜的列車，夕發而朝至，基本上設施完善，從軟臥、軟座、硬座、硬臥，還有餐車與行李車，六種俱全。中國鐵道的客運行車速度與客車空間分等對照表，如下表所示。

此外，在春運期間一票難求時，旅客長途旅行擁擠坐在走道上，提供無座票，僅供旅客站立，這是最低的等級。相對地，有些火車提供高級軟臥，也就是兩人一室，十分的舒適，例如以前從北京到西安Z19/Z20次，從北京到烏魯木齊T52/T53次，這是最高的等級。以上這十種客車分等，濃縮成以下十個字：「商特頭二，高

軟座堪稱是鐵道長途客運最舒適的選擇。

中國鐵道的客運行車速度與客車空間分等的服務對照表

	商務 SW	特等 RZT	一等 ZY	二等 ZE	高等軟臥 RW	軟臥 RW	硬臥 YW	軟座 RZ	硬座 YZ	無座 WZ
G高鐵	ν	ν	ν	ν						
C城際	ν	ν	ν	ν						
D動車	ν	ν	ν	ν	ν	ν				
Z直達					ν	ν	ν	ν	ν	ν
T特快					ν	ν	ν	ν	ν	ν
K快車						ν	ν	ν	ν	ν
S市郊			ν	ν				ν	ν	ν
L臨時						ν	ν	ν	ν	ν
Y旅遊						ν	ν	ν	ν	ν
普通						ν	ν	ν	ν	ν

中國鐵道客運幅員廣大，涵蓋大江南北，這是韶山8型電力機車牽引25G型客車，通過知名的武漢長江大橋。

中國鐵道旅行跨夜稀鬆平常，火車提供臥鋪是必須的，這是三層床鋪的硬臥。

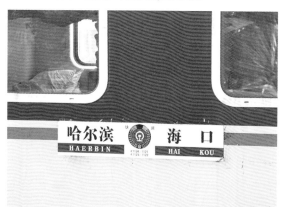

知名的K1122/1123、K1124/1121次列車，從哈爾濱到海口，全程運行4429公里，需要三天兩夜的時間。

軟硬，臥座無」，客車依照座位空間的大小，票價的級距落差亦極大，也反映中國社會的貧富懸殊。

　　台灣民眾在與買火車票之前，建議大家可以上中國鐵路客戶服務中心網站「www.12306.cn」查詢。除了購買高鐵動車組以外，不論是Z直達、T特快、K快車，

依照乘坐的服務水準，同一班列車可分高軟、軟臥、軟座、硬座、硬臥五等，票價有所不同。旅客依照自己的空間與速度需求去買票。

長距離的鐵道旅行 豐富的客車文化
　　中國鐵道幅員廣闊，東西南北的距離，

宛如在歐洲旅行一樣，幾千公里的規模，不是一般人可以想像，甚至搭火車可以出國去，客車還得換軌距。搭火車挑軟座，堪稱是鐵道長途客運最舒適的選擇，長途客運有附掛餐車，提供餐飲服務是必須的，客車有提供熱水，創造中國鐵道特有的泡麵文化。中國鐵道旅行跨夜稀鬆平常，火車提供臥鋪是必須的，三層床鋪的「硬臥」是最普遍的，如果經濟許可，可選擇好一點的二層床鋪的「軟臥」，隱私也會比較好，這也造就出中國鐵道非常豐富的客車文化。

由於中國鐵道距離超長，海拔落差超大，風景萬千，太多美麗的鐵道之旅，都是經常得過夜旅行。例如從海南島到東北，知名的K1122/1123、K1124/1121次列車，從南方椰城的海口到北方冰城的哈爾濱，而且還是火車跨越瓊州海峽的鐵道之旅，列車全程運行4429公里，需要三天兩夜的時間，曾經被外國媒體報導過，也曾經在全國鐵路旅行距離中排行第三位。目前，中國鐵路旅行距離最長的是從廣州到拉薩，全長4980公里，其次是從廣州到烏魯木齊，全長4684公里。兩條無獨有偶的，都是世界海拔最高的青藏鐵路，唐古喇山口高達5072公尺，為全球鐵道旅人追尋的夢想聖地。

青藏鐵路是世界海拔最高的鐵路，高達5072公尺，這是火車來到拉薩車站。

中國鐵道車廂種類繁多，琳瑯滿目，上海機務段。

中國鐵道客運多數距離遙遠，長途客運有附掛餐車，提供餐飲服務。

7-2 中國鐵道客車的編號規則

談到中國鐵道客車的編號規則，其實很簡單，就是將中文轉換成羅馬拼音去組合，加上系列數字。例如硬座車為YZ，所以22B型，就標示YZ22B，而軟座車為RZ，雙層軟臥車為SRW，依此類推。火車的門口，也會標示車型種類與速度，旅客很容易分辨出來。

基本上中國鐵道客車，可以分成基本的客車，雙層的客車，基本客運編組用車，特等的高級車，非客運的用車五大類，編號內容如下表所示。

中國鐵道電力動車組的編號規則表

分類	客車的車種	編號
基本的客車	軟座車	RZ
	軟臥車	RW
	硬座車	YZ
	硬臥車	YW
	軟臥硬臥車	RYW
	軟座行李合造車	RZX
雙層的客車	雙層軟座車	SRZ
	雙層軟臥車	SRW
	雙層硬座車	SYZ
	雙層硬臥車	SYW
	雙層餐車	SCA
	雙層軟座行李合造車	SRZX
基本客運編組用車	餐車	CA
	行李車	XL
	郵政車	UZ
	郵政行李車	XU
	空調系統供電車	KD
特等的高級車	特等軟座車	RZT
	一等軟座車	RZ1
	二等軟座車	RZ2
非客運的用車	公務車	GW
	軌道檢查維修車	EX WX
	軌道定期檢查車	DJ
	試驗車	SY
	特種車	TZ

基本上，RZ軟座、YZ硬座、RW軟臥、YW硬臥，是一般的客車，而SRZ軟座、SYZ硬座、SRW軟臥、SYW硬臥等，則是雙層的客車。至於CA餐車、XL行李車、UZ郵政車、XU郵政行李車、KD空調發電車等，是基本客運的編組用車，依照路線需求，基本上都會附掛在一列客車編組裡面。而特等的高級車，如RZT特等軟座車，數目十分稀少；特別的GW公務車與EX維修車，則是屬於非客運的用車，只有鐵路從業人員或特別貴賓才能搭乘。

至於羅馬拼音後面的數字編號，一般規定小寫，沒有絕對的年代規則性，純粹是以數字做為客車類別的區隔。例如國際聯運用的客車是18型與19型客車，客車可更換轉

這是硬座車22B型，標示YZ22B，時速120 km/h。

這是硬臥車22型，標示YW22，時速120 km/h。

向架以變更軌距，然而高級軟臥也有19型客車。至於國內無空調的客車是21型與22型，是可以開窗戶的綠皮車，而國內有空調的客車是24型與25型，後來又有現代化的無空調客車25B型，也是可以開窗戶的綠皮車，至於30型至32型曾經是通勤用客車等等，如今多數已經淘汰。以上的客車種類，本章節的各個單元會有詳細介紹。

目前中國除了高鐵動車以外，傳統鐵路這個範圍的列車，都是以電力機車，或是柴油機車牽引的客運列車，速度從120至160 km/h不等。Z、T和K分別是「直」字、「特」字和「快」字漢語拼音的字母。其字面的意義，與過去台灣的自強、莒光、復興號差不多，其字義如下。

Z：直達，速度可達140-160 km/h，停靠站很少，不亞於動車D車次。

T：特快，速度可達120-140 km/h，停靠的車站，較直達特快略多些。

K：快速，速度可達120-140 km/h，中國鐵道目前最普遍的旅客列車。

這是餐車23型，標示CA23，時速120 km/h。

這是行李車22型，標示XL22，時速120 km/h。

這是YZ25G型客車，前後世代不同，所以顏色有別，但是，火車的門口會標示車型種類。

因此，後來中國鐵道新造的25公尺等級的客車，也就將Z、T、K標示上去。例如25Z、25K型是時速140公里等級的客車，25T型是時速160公里等級的客車。至於昔日動車組的專用客車，也被納編進來，如25DT、25DD、25DK型是動車組的專用拖車，但是現代動車組CRH和諧號，則不在此一範圍，在動車單元已經介紹，不在此贅述。

　　最後，中國鐵道客車也有窄軌的客車，型式包含1000mm、762mm、600mm軌距三種。例如1000mm米軌有專屬的M1型、30型與33型的客車，762mm軌距的客車，與600mm吋軌的客車，幾乎都屬於地方鐵道，因為種類較少，直接標示，沒有特別的編號規則。

這是雙層硬座車25K型，標示SYZ25K，時速160km/h。

上海地鐵的寶山路站，站外可以看到琳瑯滿目的客車群，是認識中國鐵道客車最佳的教學場所。

7-3 中國鐵道與台灣鐵道的客車之差異比較

談到中國鐵道與台灣鐵道的客車之差異，首先，主要是因為鐵道軌距寬窄的不同，以致速度有別。先排除高鐵動車組不談，以客車而言，中國鐵道25T型客車最高營運時速為160公里，台灣鐵路的自強號最高營運時速為130公里。

其次的差異，就是編號的不同。中國以羅馬拼音為主，台灣則是以英文字義為代碼。以硬座車為例，中國很簡單就是YZ，台灣則是三等車 TP（Third class Passenger car），例如可以開窗的普通車，中國稱為綠皮車，而台灣稱為藍皮車。這樣的名辭差異非常的多，其實連中文本身的字義，都不盡相同，更何況是英文代碼的編號。關於中國鐵道與台灣鐵道的客車名辭對照表，整理如右表所示。

中國鐵道電力動車組的編號規則表

中國客車名稱	中國編號	台鐵編號	台灣客車名稱
軟座車	RZ	FPK SPK	對號快車（莒光 復興）
軟臥車	RW	FS	頭等臥車（停用）
硬座車	YZ	TP TPK	普通車
硬臥車	YW	SS TS	二等 三等臥車（停用）
軟臥硬臥車	RYW	—	—
軟座行李車	RZX	—	—
雙層軟座車	SRZ	—	—
雙層軟臥車	SRW	—	—
雙層硬座車	SYZ	—	—
雙層硬臥車	SYW	—	—
雙層餐車	SCA	—	—
雙層軟座行李車	SRZX	—	—
餐車	CA	DC	餐車
行李車	XL	BK	行李車
郵政車	UZ	SMK TMK	二等 三等郵政車（停用）
郵政行李車	XU	MBK	郵政行李車
空調系統供電車	KD	PBK	電源行李車
特等軟座車	RZT	PC	客廳車
一等軟座車	RZ1	BCK	商務客車
二等軟座車	RZ2	BCK	商務客車
公務車	GW	SA	花車
無空調的綠皮車	（舉例）21,22型 25B型	（舉例）40TPK 32200型 35SPK 32700型	無空調的藍皮車

※關於台鐵編號的緣由，詳細請參閱拙作《台灣鐵路火車百科》。

中國鐵道時速160公里等級的25T型客車，穿越壯觀的南京長江大橋。

第三，中國鐵道的客車空間分等很細。不論速度分等是Z直達、T特快、K快車，依照乘坐的服務水準，同一班列車可分高級軟座RZT、軟臥RW、軟座RZ、硬座YZ、硬臥YW等五種票價等級，這是依照乘坐空間所區分出來的，與速度無關。而台灣鐵道的客車空間分等，幾乎不存在，雖然曾經出現過，如今最多只有在觀光列車，如BCK10700型商務客車為三排座椅，其餘都是統一的四排座或通勤長條椅居多。

第四，中國鐵道的客車功能很細緻，這點特色與歐洲鐵道很類似。主要是因為鐵道路線很長，旅客待在火車的時間很久，客車必須提供足夠的生活機能。因此提供舒適的臥鋪車，還有精緻的餐車，提供旅客休閒用餐，是很重要的特色，客車也有附商務桌，提供閱讀，提供電源插座以供使用筆電。台灣相較之下，因為營運路線較短，客車除了座椅之外，連餐車僅限於觀光列車，其他的生活機能幾乎不存在。

台灣鐵道頂級的BCK商務客車，為三排座椅。

台灣鐵道的BCK10700型商務客車，用於觀光列車。

中國鐵道提供精緻的餐車，是很重要的特色。

中國鐵道的客車，有附商務桌，提供閱讀、使用筆電，或休閒用餐的空間。

開窗無空調的客車，在中國稱為綠皮車，如圖的22型客車。

開窗無空調的客車，在台灣稱為藍皮車，如圖的SPK32700型客車。

標準軌型式的客車　1435mm軌距

7-4 RZ軟座 YZ硬座 RW軟臥 YW硬臥 一般的客車

　　從這個單元開始，開始介紹認識中國鐵道客車的基本知識。一般而言，RW軟臥、YW硬臥、RZ軟座、YZ硬座、XL行李、CA餐車，這就是中國鐵道的基本六種客車款式。如果是在非電氣化路段，由柴油機車牽引空調客車，則會再加上一節KD供電車，這七種客車，就是中國鐵道最常使用的一般客車。

　　簡而言之，中國鐵道客車的入門常識很簡單，必須認識四種客車編號涵意，YZ硬座、RZ軟座、YW硬臥、RW軟臥。硬座車是最基本的客運空間，早年就是長條椅，現今為五排座，椅背無法調整，如YZ 25G

型；軟座車就是四排座，椅背可以調整，如RZ 25Z型。硬臥基本上是一間房六張床，左右上下有三舖，房間沒有門，床鋪比較窄，如YW 25G型。而軟臥是一間房有四張床，左右上下有兩舖，房間有門，如RW 25G型。基本上，硬座車是中國鐵道最普遍，也最為平價的旅行方式。而軟臥車是中國鐵道最高級，也最為高價的旅行空間。

　　以上所述，只是一般性規則，也會有例外。例如國際聯運用的YW18型客車，考量到國際列車的通用性，硬臥則是一間房有四張床，左右上下有兩舖，房間有門。因此，YW18型裡面有9間四人房，定員36人，含

東風4D型牽引一列客車進站，雖然外觀顏色相近，種類卻是琳瑯滿目。

播音室一間定員為32人，這是目前最好的硬臥車。相對地，早年的軟臥車，也曾經出現六張床，只是床鋪比較寬，軟墊比較舒適，與硬臥差異不大，如今已經取消。如今一般軟臥車的標準配備，是一間房四張床，房間有門，下層的床鋪可當沙發乘坐，價格偏高，隨車型有所差異，所以下層的臥鋪售價比較貴。

此外，軟臥客車，還有區分出高級軟臥，以一間房兩張床為主，設備可能特別好，例如有洗臉台或餐桌，價格則是一般軟臥車的1.8倍。因此，高級軟臥的價格幾乎與飛機相當，甚至超過飛機，因此它的供應量極少，這也是它稀有的原因，例如國際聯運用的RW19A型客車，國內高級軟臥專用的19K型與19T型客車。

最後，中國鐵道客車有雙層的客車，容後介紹，也有窄軌的客車，型式包含1000mm、762mm、600mm軌距三種。這些窄軌的客車，由於旅行的距離較短，清一色都是以YZ硬座為主，由於空間較小，為四排座或是長條椅，後面窄軌的單元，會有詳細的介紹。

硬座車的內裝，基本上就是五排座，椅背無法調整。這是YZ 25G型。

軟座車的內裝，基本上就是四排座，椅背可以調整。這是RZ 25Z型。

硬臥車的內裝，基本上是一間房六張床，房間沒有門，床鋪比較窄。這是YW25G型。

軟臥車的內裝，基本上是一間房四張床，房間有門，下層可當沙發，隨車型有所差異。

軟臥車是中國鐵道最高級，也最為高價的旅行空間。這是RW 25G型。

往來於九龍到廣州的九廣通KTT列車，全數為雙層軟座，半直達車，是高級的旅行方式。羅湖口岸前的深圳站。

硬座車是中國鐵道最普遍，也最為平價的旅行方式。這是YZ 22B型，西寧站。

7-5 SRZ軟座 SYZ硬座 SRW軟臥 SYW硬臥 雙層的客車

　　如前面所述，中國鐵道的基本六種客車款式，包含XL行李、RZ軟座、YZ硬座、CA餐車、RW軟臥、YW硬臥，一般最常見到，如果為了能夠加大它的運量，而變成雙層化。這個時候在原有的符號前面加上S，以代表雙層即可。

　　因此，雙層客車包含有SRZ雙層軟座、SYZ雙層硬座、SCA雙層餐車、SRW雙層軟臥、SYW雙層硬臥五種，基本上就是單層客車變成雙層客車，功能不變。然而，雙層行李車SXL便不存在，因為不需要這麼大的專運行李空間，因此與雙層軟座SRZ結合，變成了SRZX雙層軟座行李車。以前夏季行駛於昆明到麗江的旅遊雙層客車，以SYW與SRW全臥鋪的方式，車次編為L臨時列車，提供旅客「夜發朝至」的服務。

　　中國鐵道目前共有三種雙層客車S25B、S25Z、S25K型，如資料表所示。1993年起雙層25B型客車，原本設計120km/h不變。但是1996年起如雙層S25Z客車，當時標示為160km/h，2008年8月31日起降速為140km/h。而最新的2007年起的雙層S 25K客車，原本設計160km/h，除了降速為140km/h以外，最大特徵是車門改至車廂兩端。

　　中國發展雙層客車，絕非閉門造車，也曾參考歐洲國家發展雙層客車的設計經驗，但是最後發展出自己的品牌。奧地利與瑞士的雙層客車，上方呈現圓弧結構，客車上層提供舒適的空間，有沙發小客廳，提供較佳的視野；客車下層則提供給行動不便的旅客，包含老人或殘疾人士，或是使用單車與嬰兒車的旅客。

雙層客車S25B型，正行經北京西站外。

以歐洲的雙層客車經驗，除了加大運量之外，也有旅客屬性分流的功能，為了下層的無障礙空間，車門也設計在車廂中段的位置。但是以中國的環境，雙層客車純粹就是提高運量，沒有如此多複雜的需求，早期車門也設計在車廂中段的位置，後來將車門改至車廂兩端。

雙層S25B、S25Z、S25K型客車的資料表

車　型	雙層S25B型	雙層S25Z型	雙層S25K型
啟用年	1993年起	1996年起	2007年起
長度(mm)	25500 mm	25500 mm	25500 mm
寬度(mm)	3105mm	3105 mm	3105 mm
高度(mm)	4750 mm	4750 mm	4750 mm
SYZ 雙層硬座定員(人)	174-182人 （2+3排）	—	143-148人 （2+3排）（車掌席）
SRZ 雙層軟座定員(人)	108-110人 （2+2排）	一等SRZ1 108人 二等SRZ2 120-124人 （2+2排）	108人(2+3排)
SYW 雙層硬臥定員(人)	78-80人 上下雙層的 開放型臥鋪	—	76-80人 上下雙層的開放型臥鋪 （廣播室）
SRW 雙層軟臥定員(人)	50人 2樓二人房 1樓四人房	—	50人 2樓二人房 1樓四人房
SCA 雙層餐車定員(人)	72人 18個四人餐桌	60人 15個四人餐桌	72人 18個四人餐桌
SRZX 雙層一等軟座與 行李車定員(人)	—	66人 （2+2排）	—
營運速度(km/h)	120 km/h	140 km/h	140 km/h
備註		原本設計速度為 160km/h，2008年8月 31日起降速。	原本設計速度為 160km/h，2008年8月 31日起降速。

SRZ 25K 雙層軟座車，車門在中段位置，長春附近。（曾翔 攝）

SYZ 25B 雙層硬座車，車門在中段位置，120km/h 。（曾翔 攝）

SRZ 25Z雙層軟座車，2006年時車速標示為160km/h，北京西站。

SYZ 25K雙層硬座車，如今車速降速140km/h，瀋陽北站。

SYZ 25K雙層硬座車的模型，原本設計160km/h，注意車門改至車廂兩端。

奧地利的雙層客車，上方呈現圓弧結構。

瑞士的雙層客車，上層提供十分舒適的空間。

夏季行駛於昆明到麗江的旅遊雙層客車，以SYW與SRW全臥鋪的方式運送，車次編為L臨時列車，提供旅客「夜發朝至」的服務。

7-6 CA餐車 XL行李車 KD空調發電車

當您在月台上,看見中國的火車頭,牽引一整列客車進站,雖然外觀顏色相近,種類卻是琳瑯滿目。一般來說,列車包含有XL行李、RZ軟座、YZ硬座、CA餐車、RW軟臥、YW硬臥都有,這是最常見到六種客車款式。基本上除了RZ、RW、YZ與YW為旅客座車之外,CA與XL則是客運的基本編組用車。

因為它們必須跟一般客車掛在一起,所以行車速度必須與同型的客車維持一致,例如行李車XL25K型,營運時速為140km/h,與25K型客車相同。

CA代表餐車,裡面有廚房與餐桌,提供旅客用餐的空間,這是中國鐵道很大的優點,不必擔心長途旅行的餐食問題。雖然現在的中國客車,包含動車組都會提供熱開水,讓旅客可以泡麵(方便麵),然而長途旅程,總不能讓旅客三餐都吃泡麵,餐車提供現煮的熱食,由其是早餐有供應稀飯等中式早點,價格低廉,實在十分方便。而且餐車內裝舒適典雅,很有EN與CNL歐洲夜臥快車的氣氛。

XL代表行李車,附掛隨車的行李、多數會依照路線需求,基本上都會附掛在

這是在成昆鐵路,韶山7C型機車牽引的第一節客車,即是XL25G行李車。

行李車XL25K型,時速140km/h,上海站。

供電車KD25K型,時速140km/h,北京西站。

一列客車編組裡面。KD代表供電車，如果是柴油機車牽引空調客車，會再加上一節供電車，以提供空調所需電源，這也就是台灣鐵道熟悉的電源行李車。

至於UZ，UZ代表郵政車，以提供郵件的運送，而XU郵政行李車，是將郵政車與行李車的功能結合，附掛於客車編組裡面，在台灣鐵路最為常見，以有效節省空間。然而隨著現代公路客運的發達，高速公路物流體系的競爭，UZ郵政車與XU郵政行李車愈來愈少，一般來說只會針對比較偏遠的地區，才會加掛此類郵政車與郵政行李車。例如雲南的昆河線，還保留郵政行李車XU30型，堪稱是最後的米軌郵政行李火車。

餐車CA25G型，時速120km/h，成昆鐵路。

餐車CA25G型的內裝，舒適典雅，很有EN與CNL歐洲夜臥快車的氣氛。

這是餐車CA25T型的內裝，服務員在準備早餐，裝潢陳設更為高級，屬於青藏鐵路客運專用車廂。

列車最後一節為供電車KD25G型，時速120km/h，北京站。

7-7 特別的GW公務車與EX維修車

所謂的GW公務車與EX維修車，都不是一般旅客民眾所能搭乘，而是鐵道從業人員，鐵道主管機關人士，或是重要政府首長所乘坐。若是重要政府首長視察，則稱為GW公務車，內部陳設本身即是一個行動辦公室，有特殊用途才會出動，稱為TZ特種車。若是鐵道主管機關人員巡視維修，則稱為EX或WX維修車。例如專門掛於列車尾端監控軌道，軌道檢查維修車WX25T型等。

昔日在保存於北京中國鐵道環形試驗線外，知名的GW 97349公務車，其轉向架為三軸結構，這台是昔日滿鐵時代從釜山到北京的「大陸號」特快車，掛於列車尾端的展望車，如今已經移到館內保存。今日保存於瀋陽鐵路陳列館，EX98000型維修車，這也是昔日從釜山到北京的「大陸號」特快車所用的餐車。因為都是在東北滿州國與日本佔領韓國時期所生產，目前同時期同類型的公務車，也被保存於韓國鐵道博物館。

昔日保存於北京中國鐵道環形試驗線外，GW 97349公務車。

今日保存於瀋陽鐵路陳列館，EX98000型維修車。

這是十分少見的RZT25K型客車，上海特種豪華列車。（曾翔 攝）

這是專門掛於列車尾端監控軌道,軌道檢查維修車WX25T型。

昔日GW 97349公務車,轉向架為三軸結構的特寫。

滿鐵時期同類型的公務車,被保存於韓國鐵道博物館。

左圖該款公務車的內部陳設,本身即是一個行動辦公室。

有特殊用途才會出動的TZ特種車。

7-8 通勤用30型至32型與其他功能種類的客車

　　中國鐵道30型、31型、32型客車，這是已經消失的通勤用客車類型。而且30-32這個編號序列，也跟中國鐵道客車的演進無關。

　　在中國過去城市軌道交通不發達的年代（請參閱第10章），當時30型與32型都是市郊的通勤用車，用於市區和郊區之間的通勤，裡面是長條椅，站立位比座位多，於1964年進行生產。如今還可以看見的通勤客車，是放在香港鐵路博物館，修造於1921年的002號車廂，前九廣鐵路的工程車，其內裝與通勤客車、三等客車廂同，都是木造的簡易式翻背椅，座椅為2+3排的結構。而且只是多數九廣鐵路的客車，都是深綠色，該部002號車廂卻是很特別的深紅色。

　　除市郊通勤列車外，也有鐵路「行包快運」專列所使用31型客車。該型車只有YZ31型硬座客車、CA31型餐車少數幾種，硬座車定員高達為300人。其車內座位布局與地鐵列車相仿，為通勤長條椅。車門採用對開式拉門，位於兩個轉向架之間，不同於標準22型客車的位於兩端車門。

　　隨著都市的進步，大眾運輸系統的發達，取而

這是UZ25B型郵政車，UZ代表郵政。雙扇門有兩個，酷似以前的硬座YZ31型通勤用客車。

昔日硬座YZ30型通勤客車的內部，木製的長條椅。（曾翔 攝）

這是硬座YZ30型通勤客車。（曾翔 攝）

代之的就是城市軌道交通的動車組，這也是中國鐵道30型、31型、32型客車消失的原因。相同地，台鐵也是在引進通勤電聯車之後，原有的通勤用TPK客車便走向淘汰一途。原來，隨著通勤鐵路捷運化，空調化，中國鐵道與台灣鐵路都曾經走過一樣的道路。

如今，台鐵通勤的TPK客車，已經日暮西山，而中國30型、31型、32型客車，除了少數地方特別加以保留展示之外，已經停用消失。不過在中國鐵道雲南的1000mm窄軌世界裡面，還是保留30型與33型這個客車型號。

這是硬座YZ31型通勤客車，通勤的雙扇門為其特徵。（曾翔 攝）

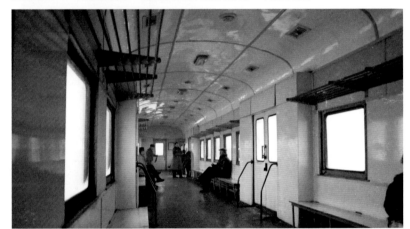

昔日硬座YZ31型通勤客車的內部，僅提供長條椅。（曾翔 攝）

這是硬座YZ32型通勤客車，原本是以前九廣鐵路所使用，後來移交廣西地方鐵路。（曾翔 攝）

昔日硬座YZ32型通勤客車的內部，為簡易式的翻背椅。
（曾翔 攝）

修造於1921年的002號車廂，前九廣鐵路的工程車，內裝與
三等車廂同。

木造的簡易式翻背椅，列車開往左方，木製窗戶為上開
方式。

木造的簡易式翻背椅，列車開往右方。

前九廣鐵路276號，為1974年日本近畿車輛所建造的通
勤車廂。

日本所建造的通勤車廂，簡易式翻背椅，改良成塑膠綠色皮椅。

7-9 國際聯運用的18型與高級軟臥的19型客車

國際聯運用的18型客車與19型客車，這是中國最有特色的夜臥火車之一，該型客車可以離開中國進入歐亞大陸。例如知名的K19/K20次列車，就是北京經哈爾濱，經西伯利亞鐵路到莫斯科的火車，全程七天六夜，旅程長達8985 km，就是使用該款客車為主體。當然也用於中俄K3/4次列車、中蒙K23/24次列車，中哈K9795/9796次列車。而18型與19型這個編號序列，也跟中國鐵道客車的演進無關。

這些國際聯運用的客車，最大的特色，就是轉向架具備可拆卸機制，透過頂昇機讓轉向架與客車分離，可以人工更換轉向架變更軌距，例如在滿州里與二連浩特，必須將軌距變換成1520mm，繼續開往俄羅斯與蒙古。同時為了進入歐亞大陸，客車必須有歐洲的聯結勾，貫通的門檔下方加寬，並設置緩衝器，可以與歐洲的火車聯結，該批客車最高運營速度為120km/h。

該款國際聯運用的18型客車，前後經歷了五個世代。茲分析如下：

昔日站台正在改建中的滿洲里車站，來自俄羅斯的K19次國際聯運列車，18型客車正停靠於站台旁。

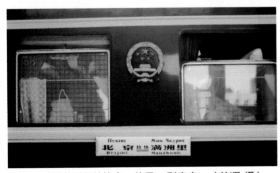

這是北京到滿洲里特快車，使用18型客車。（曾翔 攝）

軟臥RW18型客車的內部走廊，旁邊即設有房門的臥鋪。（曾翔 攝）

第一世代18型客車

該世代為1955年至1959年，由東德進口的107輛高級客車，做為與蘇聯的國際聯運以及高級幹部公務車GW，後來編為18型客車，如今已經淘汰。

第二世代18型客車

該世代為1960年代所設計，基本外部輪廓與車體結構，與22型客車相同，其中RW18型軟臥車，於1964～1968年由四方機車廠研製，定員32人，有8個四人包廂，設有空調裝置，及30千瓦轉向架車軸驅動式發電裝置。當時還有單人與雙人高級軟臥包廂的RW18軟臥車，定員只有10人。至於CA18型餐車，1969年由南京浦鎮車輛廠、唐山機車廠生產，定員48人。第二世代車仍在使用。

第三世代18型客車

該世代又稱為18A型高級旅遊客車，1990年由青島四方機車車輛廠生產50輛。包含硬臥車（YW18A型、定員36人）21輛、

硬臥播音車（YW18A型、定員32人）4輛、軟臥車（RW18A型、定員32人）8輛、高級軟臥車（RW19A型、定員16人）12輛、行李車（XL18A型）5輛所組成。第三世代車今日仍在使用。

第四世代18型客車

該世代是1995年向原東德DWA（Deutsche Waggonbau AG）進口，為東德DWA製造，係以社會主義國家標準製造，共黨國際聯運的通用車，定員36名，又稱為MECT36。這批國際聯運用的客車，上面還有莫斯科到北京的俄文，配屬於北京鐵路局。第四世代車今日仍在使用，以K3/4次和K23/24次居多。

第五世代18型客車

該世代為只有KD18型空調發電車一款，是配屬烏魯木齊鐵路局的國際聯運列車用的發電車，由四方機車車輛廠製造。第五世代車今日仍在使用，K9795/9796次列車，

軟臥RW18型客車的房間，上下鋪四張床。（曾翔 攝）

高級軟臥RW19K型客車，注意其氣墊彈簧轉向架，可達160km/h。（曾翔 攝）

高級軟臥RW19K型客車的走廊與高等包廂，用於T22次列車。（曾翔 攝）

北京－烏蘭巴托－莫斯科國際列車，在二連浩特更換轉向架。（曾翔 攝）

往返烏魯木齊與哈薩克的阿拉木圖。

至於國際聯運用的19型客車，源於國際聯運中的高級軟臥包廂車，以YW19型客車為代表，1967年製造。有8個雙人包廂，是高級臥鋪包廂客車，在兩個包廂中間設一個洗臉室，比照前蘇聯的MECT16客車的規格，定員16人，雖然名為硬臥YW，實質為高級軟臥RW。因此1984年四方機車車輛廠又增加製造了RW19型客車，以名副其實。

這是北京－烏蘭巴托－莫斯科國際列車，使用18型客車。（曾翔 攝）

國際聯運用的18型與高級軟臥的19型客車的資料表

車　型	18型	18A型	19型
啟用年	1955年起	1990年起	1976年起
長度(mm)	23,600 mm	23,600 mm	23,600 mm
寬度(mm)	3,100 mm	3,100 mm	3,100 mm
高度(mm)	4,280 mm	4,280 mm	4,280 mm
RW軟臥定員(人)	32人／8間四人房	32人／8間四人房	－
RW高級軟臥定員(人)	10人／6間單人房與雙人房	－	16人／8間雙人房
YW硬臥定員(人)	36人／9間四人房	36人為9間四人房 32人含播音室一間	16人／8間雙人房
CA餐車定員(人)	48人12個四人餐桌 長度延長26.600mm	40人／10個四人用餐桌	－
XL行李車	XL18	XL18A	－
KD供電車	KD18	KD18A	－
營運速度(km/h)	120 km/h	120 km/h	120 km/h
備註	第二世代車 1435 mm／1524 mm軌距 國際聯運客車 MECT10 MECT32 MECT 36	第三、四世代車 1435 mm／1524 mm軌距 國際聯運客車 MECT32 MECT 36	高級軟臥車 1435 mm／1524 mm軌距 國際聯運客車 MECT16

至於國內高級軟臥專用的19K型與19T型客車，它是中國國內鐵道專用，與國際聯運沒有關係，雖然使用19型這個編號，但是它屬於22型客車的衍生型。19K型客車屬於25K型客車系列，每節客車有8間雙人房，部分採用1個四人房、5個雙人房和2個單人房，定員16人。營運速度為140km/h。

至於19T型客車，則是屬於25T型客車系列。基本上19K型客車車廂標記為「RW19K」，俗稱為「高級軟臥」或「高包」（即「高級包廂」之意）。19K曾一度稱為「RW25K」，後來改為「RW19K」。一般編掛於25T型編組中，營運速度為160 km/h，是為快速的高級軟臥車。

國內高級軟臥專用的19K型與19T型客車的資料表

車　型	RW19K	RW19T
啟用年	1997年起	2007年起
長度(mm)	25,500 mm	25,500 mm
寬度(mm)	3,105 mm	3,105 mm
高度(mm)	4,433 mm	4,433 mm
包廂數目	8間雙人房	8間雙人房
RW軟臥定員(人)	16人	16人
營運速度(km/h)	140 km/h	160 km/h
衍生型的來源	25K型客車	25T型客車
備註	部分採用1個四人房、5個雙人房和2個單人房，定員16人。	一般編掛於25T型編組中。

國際聯運用的18型客車，是來自東德這款DWA的原版車廂MECT36，聖彼得堡。

第四代18型客車，乃東德DWA製造，共黨國際聯運的通用車，定員36名稱為MECT36，這是同型定員54名MECT54的俄羅斯客車，莫斯科。

這是第四代18型客車，所使用的轉向架，獨立可更換，有標準軌版與寬軌版。

國際聯運用的東德DWA製MECT行李車，停靠於莫斯科亞羅斯拉夫斯基車站，上面還有莫斯科到北京的文字。

保存於北京鐵道博物館，國際聯運的RW19型客車。

國際聯運的18型客車，外觀與本圖22型客車相近，但是強化的鋼條不同。22型客車請參閱下一頁。

保存於北京鐵道博物館，國際聯運CA18型餐車。

國際聯運的18型與19型客車，注意其貫通門檔下方加寬，並設置緩衝器。

國際聯運的18型與19型客車，轉向架具備可拆卸機制，以便於更換軌距。

7-10 國內無空調的21型與22型客車

　　從21型開始至25型這個編號序列，就跟中國鐵道客車的演進有關。中國鐵道的客車，從無空調到有空調，而且開啟高速化的歷程。

　　中國的21型與22型客車，外觀為綠色塗裝，車體有強化鋼條，無空調可以開窗，俗稱「綠皮車」，跟台灣鐵路的藍皮車一樣，深受懷舊的族群歡迎。目前共有三種無空調的綠皮車，21型、22型與23型，如右頁資料表所示。

　　第一代21型客車的研發，參考俄羅斯客車所修正。1953年起，第一代21型客車開始量產。這一批硬座YZ21客車，座椅為2+3排，定員108人，硬臥21型有9間六人臥舖，定員54人幾乎減半，最高營運時速120km/h。如今幾乎已經完全見不到了。

　　第二代22型客車，其運量設計比第一代21型來得高，從1959年起開始量產，硬座YZ22客車，座椅為2+3排，定員最高118人，硬臥22型有10間六人臥舖，定員60人，最高營運時速維持120km/h。該型車目前還普遍使用中，少數硬臥YW22B型客車，塗裝改成類似25G型客車的白底紅色線條。

在內蒙古鐵道奔馳，柴電機車牽引無空調22型客車，俗稱為綠皮車。

保存於北京鐵道博物館，十分稀有的餐車CA23型客車。

原本屬於郵便車的UZ21型，後來塗成黃色，成為鐵煤集團的救援車。

第三代23型客車，空間最為擁擠，從1960年起開始量產，硬座YZ23客車，座椅為2+3排，定員高達120人，至於硬臥YW23型，有9間六人臥舖，定員54人，有9間六人臥舖。比較有名的是餐車CA23型客車，有8個四人桌，空間比較寬敞，最高營運時速維持120km/h，現今CA23型餐車，保存於北京鐵道博物館。

從24型客車開始，中國鐵道就進入空調客車的世代。雖然無空調客車目前不多，但是22型客車目前還在使用中，這款綠皮車還頗受懷舊族群的歡迎呢！

國內無空調的21型與22型客車的資料表

車　型	21型	22型	23型
啟用年	1953年起	1959年起	1960年起
長度(mm)	21,970 mm	23,600 mm	23,600 mm
寬度(mm)	3,000 mm	3,100 mm	3,100 mm
高度(mm)	4,175 mm	4,280 mm	4,280 mm
YZ硬座定員（人）	108人(2+3排)	116-118人(2+3排)	120人(2+3排)
RZ軟座定員（人）	—	64人(2+2排)	—
YW硬臥定員（人）	54人 9間六人臥舖	60人 10間六人臥舖	54人 9間六人臥舖
RW軟臥定員（人）	28人 7間四人房	32人 8間四人房	—
CA餐車定員（人）	48人 12個四人桌	48人 12個四人桌	30人 8個四人桌
XL行李車	XL21	XL22　XL22B	XL23
UZ郵政車	UZ21	UZ21	UZ23
營運速度(km/h)	120 km/h	120 km/h	120 km/h
備註		改良型YZ22A YZ22B YW22B	

已經不多見的軟座RZ22型客車。（曾翔 攝）

無空調的21型客車的研發，其參考的原始版本是該款俄羅斯客車。

如今已經消失的硬座YZ21型客車，注意其美式轉向架。（曾翔 攝）

無空調22型客車組成的列車，是中國現今最普遍的普通車。

硬座YZ22B型客車，時速
120km/h。

硬臥YW22型客車，時速
120km/h。

少數硬臥YW22B型客車，
塗裝改成類似25G型白底紅
色線條。

7-11 國內有空調的24型與25型客車

　　國內有空調的24型與25型客車，是從1966年起中國最早的空調客車。它的種類其實很多，至少可以歸納為六種。

　　1966年起，第一代中國最早的空調客車，由四方車輛廠製造，當時稱為軟座RZ24型，只有單獨的車款。顧名思義，在當時中國仍然大量使用蒸汽機車，鐵路柴油化剛起步的年代，鐵路電氣化才剛剛在建設，搭乘空調客車，是非常高檔奢侈的享受，只限特定族群。由於當時沒有鐵路電氣化的供電，所以，RZ24型必須搭配特別的TZ24供電車才能運行。

　　隨著中國經濟成長，從1980至1990年代初期，從東德進口的24型系列客車，成為當時中國最高檔的鐵路客車，並使用當時中國鐵路標準的綠色塗裝。1988年第二批從東德進口的24型客車，不再只有單獨的車款，除了RZ，還有RW與CA，尤其是軟臥RW24型客車，側邊的強化鋼條消失了，深綠色塗裝加黃色寬帶，是當時中國最高檔的鐵路客車。

　　而後來中國的國產車輛，在一定程度上，由其是內部細節方面，都會模仿該批東德的24型客車。以

東風4型柴電機車，牽引25型客車進站，北京站。

1980年代，第一批進口的軟座RZ24型空調客車，帶有22型客車的強化鋼條，東德製造。（曾翔 攝）

軟座RZ24型客車的內部，基本上還是維持硬座的座椅，只是改成了沙發座。（曾翔 攝）

1979年起生產的 25型客車為代表，基本上包含有RW軟臥、RZ軟座、YZ硬座四種，並有餐車CA等等一應俱全。後來從1987年起，25型也發展出雙層客車，包含有雙層硬座車SYZ25型與雙層軟座車SRZ25型。

從1989年起，由英國製造的25-O型客車，其原型為英國HST British Rail Mark 3，採用英國鐵道的BT-10型轉向架，最高營運時速160km/h。這批英國進口的25-O型客車，對於往後中國鐵路客車發展，產生相當大的影響，其鋼結構的車體技術均被以後的車型所採用，並影響後來的25A型客車的設計。

從1989年起，25A型客車僅生產了168輛，但25A型是中國鐵路空調客車，大量普及的首批車型，因此被視為中國車長25.5米，新型集中供電空調客車生產發展的里程碑。

從1994年起，中國從韓國進口一批25C型客車，以韓國本土的新村號客車，為25C型客車的藍本，使用高速專用轉向架。這是一批高速與豪華的客車，全列車只有軟座與軟臥，以及餐車三種客車，以及一節供電車，原本設計速度為200km/h，等於中國高鐵在尚未營運

有空調的24型與25型客車的資料表

車 型	國產24型	東德進口24型	25型
啟用年	1966年起	1989年起	1979年起
長度(mm)	23,950mm	23,950mm	25,500mm
寬度(mm)	3,063mm	3,063mm	3,200mm
高度(mm)	4,286mm	4,286mm	4.280mm
YZ硬座定員(人)	—	—	—
RZ軟座定員(人)	65人(2+2排)	65人(2+2排)	68-80人(2+2排)
YW硬臥定員(人)	—	—	66人／11間六人臥舖
RW軟臥定員(人)	—	32人／8間四人房	36人／9間四人房
CA餐車定員(人)	—	48人（東德）12個四人桌	48人／12個四人桌
KD供電車	TZ24	—	—
營運速度(km/h)	120km/h	120km/h	120km/h
備註	四方車輛廠	東德DWA進口車	國產與進口都有

1988年第二批從東德進口，軟臥RW24型客車，注意側邊的強化鋼條消失了。（曾翔 攝）

東德進口的軟臥RW24型客車，曾經是深綠色塗裝加黃色寬帶，是當時中國最高檔的鐵路客車。（曾翔 攝）

前，高速客車的試驗版，如今下修為160km/h。

最後，從1991年起開始改良的25G型客車，是25系客車目前在中國運用最多的車款。G代表改的意思，原本設計速度為140km/h，如今下修為120km/h。運用十分廣泛的25G型客車，不論是供電車、行李車或客車，紅橘色的線條塗裝，是它最為鮮豔的標誌。現今2015年，部分25G型客車，塗裝改成深綠色底加深橘色細帶，感覺接近25T型青藏高原型客車。

25型衍生類型客車的資料表

車　型	25A型	25C型韓國版	25G型改良版
啟用年	1989年起	1994年起	1991年起
長度(mm)	25,500mm	25,500 mm	25,500mm
寬度(mm)	3,104 mm	3,100 mm	3,105 mm
高度(mm)	4,433 mm	4,050 mm	4,433 mm
YZ硬座定員(人)	122-128人(2+3排)	—	112-118人(2+3排)
RZ軟座定員(人)	—	RZ125C 72人 (2+2排)	72-80人(2+2排)
YW硬臥定員(人)	66人 11間六人臥舖	—	60人 10間六人臥舖
RW軟臥定員(人)	36人 9間四人房	RZ225C 48人 8間6人包廂	32人 8間四人房
CA餐車定員(人)	48人 12個四人桌	32人 8個四人桌	48人 12個四人桌
UZ郵政車	—	—	UZ25G
XL行李車	XL25A	—	XL25G
KD供電車	TZ2，KD25A 長23580 mm	KD25C 長23580 mm	KD25G 長23580 mm
營運速度(km/h)	120km/h	160km/h	120km/h
備註	原本設計速度為 140km/h	原本設計速度為 200km/h	原本設計速度為 140km/h

廣九鐵路的東風11型機車，牽引25C型客車。（曾翔 攝）

韓國進口，四邊圓角車窗，不銹鋼的車身與圓弧外形，25C型客車。（曾翔 攝）

這款韓國本土的新村號客車，正是25C型客車的藍本。

在1989年由英國製造的25-0型客車，其原型為英國HST British Rail Mark 3，採用英國鐵道的BT-10型轉向架，最高營運時速160km/h。

運用十分廣泛的25G型客車,不論是供電車、行李車或客車,紅橘色的線條塗裝,是它最為鮮豔的標誌。

硬座YZ25G型客車,它的標示與車門。注意車門為手動,有把手裝置。

硬座YZ25G型客車的內部座椅,注意車廂裡面,上方的反射式照明。

軟臥RW25G型客車,走道旁許多遊客,拉下窗戶,觀賞美麗夕陽。

軟臥RW25G型客車的內部,一房四床的臥鋪空間,房間有門。

現今2015年,部分25G型客車,塗裝改成深綠色底加深橘色細帶。

這是行李車XL25G型客車。後面深綠色為25T型客車。

從1993年起,25型也發展出雙層客車,這是雙層硬座車SYZ 25B客車模型,注意其車門已經改在車廂兩端。

7-12 現代無空調的25B型客車

從1993年起製造的25B型無空調的客車，目的是淘汰1960年代舊款綠皮車21-23型。雖然，25B型客車的外觀仍是綠皮車，但是在功能上，要比舊款綠皮車21-23型要進步許多。

25B型客車從1993年起被製造，但是它是屬於無空調客車的現代版，基本上包含有RW軟臥（有空調）、YW硬臥、RZ軟座、YZ硬座四種，還有特別的高級軟臥車（有空調），定員28人，有4間二人房與5間四人房，並有餐車CA與行李XL的基本編組用車。

基本上，25B型客車僅在軟臥車、高級軟臥車和餐車安裝了空調，採用本車供電方式，車下吊裝柴油發電機組，並非像25G型採用KD發電車集中供電。而YZ25B型硬座車、RZ25B型軟座車、YW25B型硬臥車，都取消了空調裝置，改裝車頂切式通風器，和燃煤供暖裝置。此外，極少數25B型改造車，變成25G型的橘紅色塗裝，車頂同時保有空調與通風孔兩種設備。

此外，從1993年起，還有空調雙層S25B型客車問世，包含有RW軟臥、YW硬臥、RZ軟座、YZ硬座四種。詳細請參閱本書雙層客

和諧電HX3B型牽引的第一部，即是現代化無空調的25B型客車。

中國的餐車CA25B型，注意其車頂左上方的空調機，與車頂上方的通風孔，同時存在。

中國現代化無空調的硬座車YZ 25B型，注意其車頂上方的通風孔，沒有空調機。

車的單元。兩款25B型客車的資料表如下表比較所示。

兩款25B型客車的資料比較表

車　型	無空調25B型	空調雙層S25B型
啟用年	1993年起	1993年起
長度(mm)	25500mm	25500mm
寬度(mm)	3105mm	3105mm
高度(mm)	4433mm	4750mm
YZ硬座車定員(人)	122-128人(2+3排)	174-182人(2+3排)
RZ軟座車定員(人)	80人(2+2排)	108-110人(2+2排)
YW硬臥車定員(人)	60-66人 11間六人臥舖	50人 2樓二人房 1樓四人房
高級軟臥車定員(人) RW	28人(有空調) 4間二人房 5間四人房	－
CA餐車定員(人)	48人(有空調) 12個四人桌	72人 18個四人桌
UZ郵政車	UZ25B	－
XL行李車	XL25B	－
UZ郵政車	UZ25B	－
營運速度(km/h)	120km/h	120km/h
備註		原本設計速度為140km/h

硬座車YZ25B型，門口有其標示，車窗可以打開。

雙層軟座車SRZ25B型客車，最高營運時速140km/h。（曾翔 攝

這是極少數25B型改造車，變成25G型的橘紅色塗裝，車頂同時保有空調與通風孔兩種設備。

從邯鄲到北京的雙層S25B型客車，正駛入北京西站。

一整列25B型客車正駛出北京站，綠皮車與深黃絲帶為其特徵。

7-13 時速140公里等級的25Z、25K型客車

若問中國鐵道最普遍的客車為何？無疑地就是K車次，是最平民化的快車。如從成都到昆明的成昆鐵路，K113次，長達1100 km，硬座不過140元，最好的軟臥才390元人民幣，這個費率實在是低。只能說這個範圍的列車，真的提供了中國一般國民旅行，舒適與廉價的長途運輸服務。而K車次，除了前述的25G型，就屬25Z和25K型客車最多了。

1993年起製造的25Z型客車，Z代表直達的意思，基本上包含有RW軟臥、YW硬臥、RZ軟座、YZ硬座四種，還有特別的軟座行李合造車，並有供電車KD的基本編組用車。從1993年起生產，時速140公里等級的25Z、25K型客車，紅藍白色系塗裝為25K型的標誌。軟臥RW25K型客車，注意其高速轉向架，枕樑有氣墊簧，乘坐較為舒適。原本設計速度為160km/h，2008年8月31日起降速，最高營運時速140 km/h。

25Z型客車的資料表

車 型	單層25Z型	雙層S25Z型
啟用年	1993年起	1996年起
長度(mm)	25500mm	25500mm
寬度(mm)	3105mm	3105mm
高度(mm)	4433mm	4750mm
RZT特等軟座車定員(人)	42人(2+2排)	—
RZ軟座定員(人)	一等RZ1 76-80人 二等RZ2 88-96人 (2+2排)	一等SRZ1 108人 二等SRZ2 120-124人 (2+2排)
CA餐車定員(人)	36人，6個四人桌，設吧檯及4個吧座	60人 15個四人餐桌
RZ軟座車結合XL行李車定員(人)	28人(有空調) RZXL25Z 軟座行李合造車 (2+2排) 56人	SRZXL25Z 雙層軟座行李合造車 66人 (2+2排)
KD供電車	KD25Z	—
營運速度(km/h)	140km/h	140km/h
備註	原本設計速度為160km/h，2008年8月31日起降速。	原本設計速度為160km/h，2008年8月31日起降速。

這班北京開往上海的K車次快車，青一色全使用25K型客車。

1996年起生產的 25K型客車，K代表快的意思，基本上包含有RW軟臥、YW硬臥、RZ軟座、YZ硬座四種，並有餐車CA、行李XL與供電車KD的基本編組用車。原本設計速度為160km/h，2008年8月31日起降速為140km/h。2007年起還有雙層的S25K型客車問世，營運速度相同。詳細請參閱本書雙層客車的單元。

25K型客車的資料表

車　型	單層25K型	雙層S25K型
啟用年	1996年起	2007年起
長度(mm)	25500mm	25500mm
寬度(mm)	3105mm	3105mm
高度(mm)	4433mm	4750mm
YZ硬座 定員(人)	118-112人 (2+3排)	143-148人 (2+3排) (車掌席)
RZ軟座 定員(人)	72人(2+2排)	108人(2+3排)
YW硬臥 定員(人)	60-66人 11間六人臥舖	76-80人（廣播室） 上下雙層的 開放型臥舖
RW軟臥 定員(人)	36人 8間四人房	50人 2樓二人房 1樓四人房
CA餐車 定員(人)	48人 12個四人桌	72人 18個四人餐桌
XL行李車	XL25K	—
UZ郵政車	UZ25K	—
KD供電車	KD25K 長23580mm	—
營運速度 (km/h)	140km/h	140km/h
備註	原本設計速度為160km/h，2008年8月31日起降速。	原本設計速度為160km/h，2008年8月31日起降速。

軟臥RW25K型客車，注意其高速轉向架，枕樑有氣墊簧，乘坐較為舒適。

紅藍白色系的硬座YZ25K型客車，營運時速可達140 km/h。

硬臥YW25K型客車，其車身藍色較一般25K型來得深。

行李XL25K型客車。

從香港紅磡車站開往廣州的T812直通列車，東風11型柴油機車牽引
的是軟座RZ 25Z型客車。

軟座RZ 25Z型客車的內部，為2+2四排座沙發，
走道還鋪有紅地毯。

這是雙層硬座車SYZ 25K型客車模型，紅藍白色系加上灰色寬帶，最初營運時速可達160km/h。

7-14 時速160公里等級的25T型客車

從2003年起，25T型客車是中國鐵路的空調鐵路客車最為經典的型號之一，T代表提速的意思。無疑地，25T型客車為滿足中國鐵路第五次大提速160公里時速等級而設計製造的。基本上，25T型客車分為BSP型、國產型及青藏高原型三種，用於Z和T的車次居多。

2004年起生產的25T國產型客車，基本上包含有RW軟臥、YW硬臥、RZ軟座、YZ硬座四種，並有餐車CA、行李XL與郵政UZ基本編組用車，最富盛名者為Z5/6次北京—河內，旅程全長2804公里。此外，國產廣九直通車25T型，還設有軟座行李合造車RZ25T。

隨著2003年起，青藏高原型客車開始生產，以配合2006年青藏鐵路全線通車，該型車沒有RZ軟座，重點是有氣密結構、氧氣製造與供應設備，如今25T型客車尤其是以青藏高原型客車最負盛名，尤其是Z264/265次廣州—拉薩，旅程全長4980公里，位居中國鐵道里程旅程最長。時速160公里等級25T型客車，資料表如下表所示。

韶山9型電力機車正牽引上海到哈爾濱的特快車，青一色為BSP25T型客車。

時速160公里等級25T型客車的資料表

車 型	25T BSP型	25T 國產型	25T青藏高原型
啟用年	2003年起	2004年起	2003年起
長度(mm)	25500mm	25500mm	25500mm
寬度(mm)	3105mm	3105mm	3105mm
高度(mm)	4433mm	4433mm	4433mm
YZ硬座定員(人)	—	112-118人(2+3排)	98人(2+3排)
RZ軟座定員(人)	78人(2+2排)	72-78人(2+2排)	—
YW硬臥定員(人)	—	60-66人／11間六人臥鋪	60人／10間六人臥鋪
RW軟臥定員(人)	36人／9間四人房	36人／9間四人房	32人／8間四人房
RW高級軟臥定員(人)		16人／8間兩人房	
CA餐車定員(人)	32人 設吧檯／8個四人桌	48人 設吧檯／12個四人桌	44人／11個四人桌
XL行李車	—	XL25T	XL25T
UZ郵政車	—	UZ25T	UZ25T
KD供電車	—	—	KD25T
營運速度(km/h)	160km/h	160km/h	160km/h
備註	加拿大BSP製造	廣九直通車25T型還設有軟座行李合造車RZ25T。	氣密結構與有氧氣製造供應設備，有海拔高度顯示。

格爾木站的月台上，停靠25T青藏高原型客車，注意車窗為氣密結構。

硬座YZ25T型客車，BSP白底藍色窗帶塗裝，營運時速可達160km/h。

硬座YW25T青藏高原型客車的內裝，為3+2五排座，定員98人。

硬座YW25T青藏高原型客車，深綠底與深橘色帶塗裝。

這款25T青藏高原型客車,有海拔高度顯示,與英漢藏三語標示。

軟臥RW25T青藏高原型客車的內裝,定員60人,有氧氣製造室。

軟臥RW25T青藏高原型客車的房間,有二層床舖,臥室設有門。

十足典雅高貴的CA25T型青藏高原型餐車,桌上還擺設有藏羚羊。

硬臥YW25T青藏高原型客車的房間,有三層床舖,但是沒有門。

來自北京一整列的青藏高原型25T型客車,緩緩駛進西藏。

7-15 動車組的專用客車 25DT、25DD、25DK型專用拖車

　　所謂25DT、25DD、25DK型，不是一般的客車，而是昔日「動車組」的專用拖車。但是現代的動車組CRH和諧號，則不在此一範圍內，在本書的動車組單元已經介紹，不在此贅述。

　　首先，25DT型客車，「DT」是「動車組拖車」拼音的簡稱。是中國鐵路在1990年代末期至21世紀初，所製造的一些試驗性動車組的客車型號。因為25DT型客車是用於中國鐵路各種樣式的試驗性動車組，所以25DT型客車不是一種標準車型，沒有進行統型。當時長春客車廠、唐山機車車輛廠、南京浦鎮車輛廠和青島四方機車車輛廠，均為各種實驗型動車組製造，命名為「25DT」的客車，外觀各不相同，技術指標也各不相同。

　　今日中國鐵路還能看到各式各樣的25DT型客車，NDJ3「和諧長城號」、「藍箭」、「中華之星」、「中原之星」、「長白山」、「先鋒」、「新曙光」、「金輪號」、「神州號」等實驗性動車組，其專用拖車都標記為「25DT」型客車。

　　第二，25DD型客車，「DD」是「動車組動車」拼音的簡稱。因為25DD型客車是用於中國鐵路各種樣式的試驗性動車組，所以25DD型客車不是一種標準車型，沒有進行統型。包含長春客車廠、唐山機車車輛廠、南京浦鎮車輛廠和青島四方機車車輛廠均為各種試驗型動車組，製造過各種樣式的命名為「25DD」的客車，外觀各不相同，技術指標也各不相同。「中原之星」、「長白山號」、「先鋒號」等等試驗性動車組拖動車廂上都標記為「25DD」型。

　　最後，25DK型客車，「DK」是「動車組控制車」拼音的簡稱。是中國鐵路「藍箭」動車組中的客車型號。25DK型客車

是「藍箭」動車組中的拖車，沒有動力裝置，但有與動車端一致的司機室，如同歐洲Railjet的駕駛拖車。

和諧號長城號的25DT型專用拖車的資料表

車　型	和諧號長城號的25DT型
啟用年	2003年起
長度(mm)	25500mm
寬度(mm)	3105mm
高度(mm)	4433mm
YZ硬座定員(人)	60-64人(2+3排)
RZ軟座定員(人)	70-74人(2+2排)
CA餐車定員(人)	32人 設吧檯 8個四人桌
營運速度(km/h)	160km/h
編組方式	NDJ3+ZY25DT+CA25DT+ ZE25DT+NDJ3

中國和諧長城號「推拉式」動車組，中間的專用拖車即是25DT型客車。

中國金輪號「推拉式」動車組，中間的雙層拖車即是25DT型客車。（曾翔 攝）

中國神舟號「推拉式」動車組，中間的雙層拖車即是25DT型客車。（曾翔 攝）

這是「藍箭」動車組，圖中這端是動力車頭，另外一端沒有動力裝置的駕駛拖車，即是25DK型客車。（曾翔 攝）

這是ZE 25DT型客車的二等車，為2+3五排座。

這是ZY 25DT型客車的一等車，為2+2四排座，特別寬大的窗戶，令人耳目一新。

這是CA 25DT型客車的一等車，提供餐桌與吧台。

和諧長城號的兩端動力車NDJ3，與ZY 25DT型客車的一等車。

歐洲高鐵的Railjet推拉式高速動車，前面這一節無動力的駕駛拖車，相當於中國的25DK型客車。

歐洲高鐵的Railjet推拉式高速動車，前面這一台
是動力機車。

歐洲高鐵的Railjet的內裝。

7-16 其他特別保存的客車

其他特別保存的客車，是指一些重要歷史人物的車廂，如今被當成歷史文物來加以典藏，例如慈禧太后與宋慶齡的專車，滿鐵時代大陸號的展望車與食堂車，香港廣九鐵路的三等客車，這些車廂，是某些重要歷史的見證。

首先，傳說中慈禧太后的專車是一部龍車，史稱「鑾輿龍車」，該部龍車是給太后、皇帝及滿清貴族專門使用，1889年唐山車輛廠製造，車體全長61英尺，全寬10英尺，車高15英尺，空重約29.3噸。史料記載，慈禧太后第一次坐火車是在1902年1月3日，攜帝后嬪妃由西安回鑾，又一次在1903年4月5日拜謁清西陵。依據前唐山機車車輛廠副總工程師，中國鐵道史專家閻存盛考證，這輛客車為鋼製底架、木造車體，採用彈簧轉向架和自動車鉤，內置電

廣九鐵路的三等客車223號，1955年製造，香港鐵路博物館。

廣九鐵路的客車，英國鐵道的轉向架。

上海鐵路博物館所保存的國民黨幹部專用包車，1930年製造。

該部專用包車，美國製造的轉向架。

扉、電鈴等，代表著當時世界火車的發展水平。他說金黃色車身上刻鍍金雕龍，內設官廳膳堂、龍床寶座，可以說是一座奔馳在鐵路上的皇宮。然而，現今保存於中國鐵道博物館太后的專車，是否就是龍車的原始實物？已無法考証。

此外，還有一部慈禧太后的專用客車廂，是比較現代化的版本，不是古老的龍車，德國漢諾威車廠製造，在1949年新中國成立以後，該車原編為公務車GW97318，如今除役之後賣到民間收藏，保存於上海徐家匯的上海老站餐廳。同一個地點保存另外一部客車，曾經是宋慶齡的專用客車廂，由俄國葉卡捷琳娜廠製造，原編為特種車TZ97341，如今保存於上海老站，也是變成餐廳。

其次，在日本控制東北的滿鐵時代，當時有名的亞細亞號與大陸號，是營運速度最快的特快車。當時運用於特快車的尾節展望車與食堂車，在1949年新中國成立以後，被當成公務車，如今也被保留下來。原屬於滿鐵時代大陸號的展望車，編為公務車GW997310，而大陸號的食堂車，後來編為維修車EX980000，現今兩台公務車，都保存於瀋陽鐵路陳列館。另外一部亞細亞號與大陸號展望車，1949年以後編為公務車GW97349，成為中國鐵道部長滕代遠和呂正操的專車，現今保存於中國鐵道博物館。

第三，談到廣九鐵路，也是屬於清代重要的鐵路之一。隨著香港與九龍交付英國統治，1907年英國借款150萬英鎊，給清政府修築廣州至深圳，當時廣深段全長142.77公里，英國修築九龍至深圳段35.78公里，中英商定以羅湖關鐵道橋的第二節為界，分為華、英兩段，這條即是廣九鐵路。在1997年香港回歸中國以後，廣九鐵路也成為中國鐵道的一部分，不再有華、英兩段。如今廣九鐵路的三等客車，有著濃濃英國鐵道風情，

保存於香港鐵路博物館。

最後，還有一些零星的特別客車，上海鐵路博物館也保存一節美製客車，是昔日國民黨幹部專用包車，1930年製造。北京鐵道博物館保存一批三軸轉向架的臥車，是貴賓所專用，是十分特殊的高級軟臥車。雖然，這些重要歷史人物都已經遠離，然而，這些特別保存的客車，成為那個時代的歷史縮影。

曾經是慈禧太后的專用客車廂，德國漢諾威車廠製造，如今保存於上海老站。

慈禧太后的專用客車廂，原編為公務車GW97318，如今變成餐廳。

曾經是宋慶齡的專用客車廂，俄國葉卡捷琳娜廠製造，如今保存於上海老站。

這是清代慈禧太后的專屬客車「龍車」，現今保存於中國鐵道博物館。

宋慶齡的專用客車廂，原編為特種車TZ97341，如今也是變成餐廳。

原屬於滿鐵時代大陸號的展望車，具有三軸轉向架，後來編為公務車GW97349，現今保存於中國鐵道博物館。

原屬於滿鐵時代大陸號的展望車，後來編為公務車GW997310，現今保存於瀋陽鐵路陳列館。

保存於北京鐵道博物館，十分特殊的高級軟臥車，具有三軸轉向架的RW50341。

原屬於滿鐵時代大陸號的食堂車，後來編為維修車EX980000，現今保存於瀋陽鐵路陳列館。

窄軌型式的客車　1000mm　762mm　600mm軌距

1000mm

7-17 1000mm米軌30型 33型的客車

　　本單元所指的30型客車，不是已經消失的標準軌30型通勤客車，而是中國鐵路米軌的30型客車，運用於昆河鐵路上的通勤列車。目前昆明鐵路局從昆明北到王家營23km，尚有一節XU30型郵政行李車在使用。

　　XU這個編號比較特別，因為行李車是XL，郵政車是UZ，兩者功能結合在一起，變成XU型郵政行李車。因此一部行李郵政車，車廂一邊是寫郵政車，另外一邊是寫行李車，曾經搭配YZ31型硬座車一起營運，最高營運時速80公里。

　　至於33型客車，是昔日雲南滇越鐵路1910年通車初期，法國製的木造客車。1958年起編為33型，以YZ33型為主，1996年起已經停用，多數已經拆解，目前有YZ33-371、YZ33-372兩節，保存在雲南鐵路博物館。如今回顧昔日滇越鐵路KD55型蒸汽機車，牽引硬座YZ33型客車，通過人字形橋的歷史照片，不禁令人走入時光隧道中，沉浸於滇越鐵路的歷史情懷。

　　由於雲南的滇越鐵路，創造了中國鐵路獨特的環境，1000mm一米軌距，而緬甸鐵路同樣屬於米軌的世界，所以在雲南鐵路博物館，保存緬甸鐵路所贈送的BTS002木造客車，讓米軌的客車世界更加多采多姿。

這是昔日滇越鐵路KD55型蒸汽機車，牽引硬座YZ33型客車，通過人字形橋的歷史照片，實在非常地珍貴！
（王福永、張文海 提供）

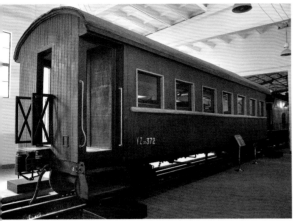

米軌30型與31型的客車資料表

車 型	XU30型 郵政行李車	YZ31型 硬座車	YZ33型 硬座車
啟用年	1975年起	1964年起	1919年起
長度(mm)	16,700mm	14,000mm	14,000mm
寬度(mm)	2,650mm	2,450mm	2,450mm
高度(mm)	3,672mm	3,668mm	3,668mm
定員(人)	—	133人 (2+2排)	28人
重量(t)	26.3 t	24.5 t	—
營運速度 (km/h)	80km/h	80km/h	60km/h

昔日滇越鐵路的木造客車，硬座YZ33型客車，保存於雲南鐵路博物館。

硬座YZ33型客車的內部陳設，木造座椅。

硬座YZ33型客車的法國製窄軌轉向架，1000mm軌距。

雲南最後的米軌國度，十分特別的XU30型行李郵政車。

工作人員從XU30型郵政車上，搬下寄送的農產品，注意車上還有信箱。

同樣一部XU30型行李郵政車，一邊是寫郵政車，一邊是寫行李車。

緬甸鐵路所贈送的BTS002木造客車，保存於雲南鐵路博物館。

緬甸BTS002木造客車內部陳設，可翻背的木造座椅。

7-18 1000mm米軌M1型的客車

1000mm

在今日雲南最後的米軌國度裡，「昆河線」鐵路還有局部路段在行駛。這些1000mm米軌的客車，曾經在滇越鐵路以及其支線上運用，而M1型客車與郵政行李車XU30型，堪稱是最後的米軌小火車。

M1型客車分成YZM1硬座車、YWM1硬臥車、SYM1試驗車與WXM1維修車四種。如今最常見到的是硬座車，定員62人，有車長室則為58人，為2+2排座，座椅有一個小桌板，窗戶可以上拉，感覺很像台灣的普通車。至於硬臥車是開放型臥舖，在全盛時期，從昆明到河口的長距離旅行，才有的夜臥車服務，還有SYM1試驗車，則是從餐車CA31改造而來。如今隨著昆河線沒落，這兩款車已經停用。

這批客車從1991年啟用迄今，使用自動連結器與貫通氣軔煞車，除了軌距較窄之外，與準軌客車並無差異，最高營運時速80公里。如今隨著昆河線鐵路的沒落，未來的處境值得擔憂，希望這批米軌的火車，還能繼續行駛下去。

雲南最後的米軌國度「昆河線」鐵路，東方紅21型機車牽引三節M1型客車與行李郵政車XU30型。

硬座YZM1型客車的外觀。

米軌M1型的客車資料表

車 型	YZM1硬座車	YWM1硬臥車	SYM1試驗車	WXM1維修車
啟用年	1991年起	1991年起	1991年起	1991年起
長度(mm)	16,004mm	16,004mm	16,006mm	16,004mm
寬度(mm)	2,650mm	2,650mm	2,650mm	2,650mm
高度(mm)	3,658mm	3,658mm	3,658mm	3,658mm
定員(人)	58/62人 (2+2排)	26/39人 開放型臥舖	26人 由餐車改造而來	10人
重量(t)	26.7 t	28.4 t	26.3 t	29.3 t
營運速度(km/h)	80km/h	80km/h	80km/h	80km/h

硬座YZM1型客車的內裝。

該款客車的座椅有一個小桌板，窗戶可以上拉。

該款客車的洗臉台。

硬座YZM1型客車的標示特寫。

米軌M1型的客車使用自動連結器，與貫通氣軔煞車。

7-19 762mm軌距的客車

762mm軌距是30英吋軌距,其來自英國,一般稱為小火車little train。台灣鐵路有著相當多762mm軌距的客車,例如林鐵、糖鐵與鹽鐵等等(詳細參閱拙作《台灣輕便鐵道小火車》)。而中國鐵路,也曾經有若干762mm Z型客車,Z是代表窄軌的意思。最有代表性的是 Z29型,有深藍色和橙紅色兩種塗裝,主要運用於河南省的地方鐵路,例如知名的許郾線鐵路。然而,隨著許郾線進行標準軌距改造之後,當年的Z29型客車無容身之地,一一被封存或是送去外地展示。

從外觀上觀察比較,Z29型客車等於是標準軌22型客車的縮小版,綠底黃線塗裝與強化的鋼條不變,並裝有自動連結器。不過轉向架的構造簡化,車身長度幾乎是縮短一半,只有八個窗戶,單邊有車門。如今,這些火車隨著762mm軌距的鐵道停駛,已經瀕臨消失的命運。

此外,762mm軌距也曾經活躍於中國的東北森林鐵路,大興安嶺與小興安嶺有很多,例如根河、沾河、葦河、山河屯興隆森林鐵道,樺南森林鐵道等等。日本當年開發東北的森林鐵路,軌距與台灣的阿里山鐵路相同,森林鐵路同時經營客貨運,並無二致。為了能夠適應小半徑環境與重載,與編組連結的方便,使用插銷與緩衝型連結器,只是蒸汽機車不太相同(參閱本書第一冊〈蒸汽機車〉單元)。當時有一款Z20型客車,一樣有八個窗戶,單邊有車門,為四排座木造座椅,還有煤炭取暖的暖爐,如今隨著森林鐵路的停駛,這些車廂多數已經流落異鄉。以上這些762mm軌距的客車,應該被

鐵皮客車內部只有簡單的長條椅,與放置農產品的空間。

旅遊觀光車廂的空調專車,762mm軌距。

旅遊觀光車廂,內部陳設以木造座椅,窗戶可以打開,有37個座位。

四川的芭石鐵路,傳統的大型鐵皮客車,四軸轉向架,窗戶沒有玻璃。

四川的芭石鐵路蒸汽機車,牽引觀光旅遊的空調專車。

好好保存才對。

　　還好，在整個大環境不利於762mm軌距的情勢下，今日四川的芭石鐵路，還有小火車在營運，是中國最後762mm軌距鐵道的天堂。這裡有傳統的小火車，包含兩軸無轉向架的小型鐵皮客車，傳統的大型鐵皮客車，為四軸轉向架型式，窗戶沒有玻璃，內部只有簡單的長條椅，與放置農產品的空間，以提供當地老百姓乘坐，票價十分低廉，這些都是相當珍貴的文化資產。

　　如今，芭石鐵路為了觀光旅遊，而研發旅遊的客車，例如簡易開放型客車，旅遊觀光車廂，給觀光客乘坐。這些客車的費率較高，一般民眾搭乘的鐵皮客車，車票每趟5元，觀光車廂則為40元 。旅遊觀光車廂每列車有7節，為木造座椅，窗戶可以打開，車廂之間獨立，有20個座位，空調專車則比較稀有，只有37個座位。還好有芭石鐵路，將762mm鐵道的客車昔日的風華與文化保存下來。

四川的芭石鐵路，傳統的小型鐵皮客車，兩軸無轉向架。

四川的芭石鐵路，為了旅遊而研發的開放型客車，762mm軌距。

四川的芭石鐵路的觀光客車，每列車有7節，車廂之間獨立，有20個座位。

從外觀上觀察比較，Z29型客車等於是22型客車的縮小版，有自動連結器。

這部C2型蒸汽機車所牽引的客車，即是Z29型客車。

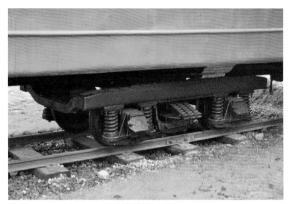

窄軌762mm軌距Z29型客車的轉向架。

東北森林鐵路的Z20型客車的內裝，為四排座木造座椅。

中國東北森林鐵路Z20型客車裡面，有煤炭的暖爐。

中國東北森林鐵路的Z20型客車，一樣有八個窗戶，單邊有車門。

中國東北森林鐵路的762mm軌距客車，所使用的插銷與緩衝型連結器。

河南省的許鄲線鐵路，機車牽引的Z29型客車，如今走入歷史。（曾翔 攝）

7-20 600mm吋軌的客車

所謂 600mm軌距，在中國俗稱吋軌，吋軌客車是中國鐵道目前最小的客車。而昔日雲南的雞箇線，從雞街到個舊34.1公里，便是600mm吋軌的鐵道。雞箇線客車的內部陳設，是傳統的木製長條椅，長11.3米，寬1.65米，定員42人，它的尺寸規模，其實與阿里山鐵路的木造客車差不多。

雞箇線鐵路開通於1921年，也就是原始的個碧石鐵路，最高營運速度10公里，這也正是「雲南十八怪」的其中一個，「火車沒有汽車快」。隨著時代進步，鄉鎮道路的發達，1985年鐵路客運停辦，SN型蒸汽機車僅剩下2台。1991年8月，雞箇線鐵路停止營運。在雞箇線除役以後，吋軌客車與貨車停用，被保存於雲南鐵路博物館。

不過，這種吋軌的鐵道，並非隨著雞箇線停駛而完全消失。今日在中國青海茶卡鹽湖，湖面海拔為3059公尺，湖邊還可以找到600mm的吋軌鐵道，這是1958年所修建的運鹽鐵道，1979年並有準軌鐵路支線銜接青藏鐵路。這條鐵道除了運鹽以外，還有觀光列車馳騁於高原之上，青海茶卡鹽湖之畔呢！

中國青海的茶卡鹽湖，600mm吋軌的觀光列車。

乘坐600mm吋軌的觀光列車的旅客，馳騁於高原之上。

海拔為3059公尺，青海茶卡鹽湖之畔的600mm吋軌鐵道。

昔日雲南的雞箇線客車，停駛之後的情況。
（曾翔 攝）

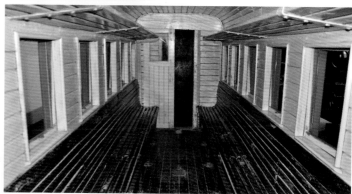

今日雲南的雞箇線客車，保存於
雲南鐵路博物館。

雞箇線客車的內部陳設，傳統的
木製長條椅，600mm軌距。

8

中國鐵道的貨車

Freight Car

中國的ND5型柴油機車，牽引長長的貨運列車，即將穿越南京長江大橋。

8-1 認識中國鐵道的貨車

　　中國地大物博，幅員廣闊，鐵道的貨運十分地重要，可以滿足林業、工業、礦業、農業等多面向的經濟需求。例如火力發電廠需要運送煤炭，這是鐵道貨運的工業需求。林業生產的木材需要運送，這是鐵道貨運的林業需求。尤其在冬季公路結冰時，鐵路仍然可以維持正常運作，因此中國鐵道的貨運極為重要。

　　中國鐵路是全球第二大鐵路網，鐵路總長87157km，已經超越俄羅斯，僅次於美國。雖然，中國是全球最大規模的客運路網與高速鐵路網，但是在貨物運輸還是次於美國。2009年統計，全國鐵路貨運總發送量（包括行包）達33.2億噸，全國鐵路總換算周轉量33118.06億噸公里，貨運在中國鐵路的占了很大的比例。

　　為了有效提高貨物運輸效率，2004年4月18日起，隨著中國鐵路第五次大提速的展開，開通了北京—上海的鐵路雙層貨櫃「五定」運輸班列，北京至上海只需運行38小時，較以往的鐵路運輸時間大大縮短。中國正在全國建設的18個鐵路貨櫃中心站，作為只提供貨櫃服務的樞紐中心。

　　中鐵貨櫃物流公司是主要承運鐵路貨櫃業務。而中國第一條現代化重載運煤專線「大秦鐵路」，在2008年實現煤炭運量3.4億噸，成為世界上年運量最大的鐵路。另一方面，在京廣鐵路、京滬鐵路、京哈鐵路、隴海鐵路等繁忙鐵路幹線已經普遍開行5000至6500噸重載貨物列車、雙層貨櫃列車。重載化對提高中國鐵路運能、緩解運輸緊張具有重要意義。

　　關於中國鐵道的貨車，主要以標準軌1435mm為主。窄軌體系的貨車有1000mm、762mm、600mm三種。寬軌的貨車為1524mm，如今新的車輛都逐步修正為1520mm軌距，主要是連接俄羅斯、蒙古與哈薩克使用。目前篷車是中國鐵道最普遍使用的貨車。

東風4型柴油機車，牽引運送鐵軌的貨車。

火力發電廠需要運送煤炭，這是鐵道貨運的工業需求。

林業生產的木材需要運送，這是鐵道貨運的林業需求。

篷車代號為P，這是目前中國鐵道最普遍的貨車。

如今中國鐵道貨運列車的尾端，只有掛一個尾車燈，不加掛守車。

雲南鐵路博物館裡面，保存600mm吋軌的貨車。

這是中國鐵道開往德國漢堡的貨運專車，啟程的歷史畫面。（中國鐵道博物館提供）

來自俄羅斯、蒙古
等寬軌鐵道國家的
貨車，輸送木材的
貨車。

這是冬季哈爾濱鐵
道貨運的雪景。

2015年，中國鐵路提出一帶一路的規劃，未來鐵路貨運通歐洲，將改變物流體系的全球佈局。

試想從中國沿海出口的貨物，經由海運，經由麻六甲海峽、印度洋、蘇彝士運河、地中海、直布羅陀海峽，包含貨櫃裝卸與報關等時間，到歐洲地區需要20天至30天不等，而且運輸成本與風險，受到油價波動與戰爭影響很大。如今可以經由陸運橫貫歐亞，只要10天至15天的時間，勢必有很大的競爭力。更何況貨櫃沉重，航空運輸無法大量搭載，唯一的競爭者只有海運而已，只要能夠有效地縮減時間，這樣高鐵的貨運市場，會有非常大的競爭力。

過去高速鐵路多數以客運為主體，如果高速鐵路也能輸送貨物，這將成為一個新市場。這個計劃最大的課題，在於中間路段的國家，包含俄羅斯，哈薩克等與前蘇聯等中亞諸國是1520mm寬軌距，必須修築新的標準軌，以期望與兩端歐洲、亞洲1435mm的標準軌距接軌，否則就是要能設計出變軌距的貨車。

如今Trans-Eurasian high-speed railway新亞歐大陸橋，計畫已經初步成形，從中國東部的沿海港口（指連雲港），經由隴海鐵路、蘭新鐵路、北疆鐵路，經哈薩克、烏茲別克、土庫曼、伊朗到達土耳其，經由東歐進入德國。另外一條路線偏北，經由白俄羅斯、波蘭、德國到達荷蘭鹿特丹。雖然目前這條貨運新絲路尚未完成，但是蘭新鐵路的高速路段已經完工，客貨運兩用。新亞歐大陸橋一旦完成，從中國連接中亞到歐洲，將成為全世界最長的高鐵，重整全球貨運版圖，運輸潛力真的不容小覷。

8-2 中國鐵道貨車的編號規則

　　中國鐵路貨車包括棚車、敞車、平車、罐車等「通用貨車」,與貨櫃車、長大貨物車、毒品車、家畜車、水泥車、糧食車、特種車等「專用貨車」。各種貨車都有羅馬拼音的代號作為基本型號,例如P代表篷車(棚車),C代表敞車,如下表所示。該編號規則也適用於香港九龍地區。

　　貨車上面都有噴漆相關資料,載重,自重,容積,換算車長等等。一個完整的貨車標記包括基本型號、輔助型號和車號。如敞車C64K型,C代表敞車,K代表快速是輔助型號。又如敞車C64T型,T代表提速,自備篷車ZP1,Z代表自備等等。鐵路貨車的噸

數也逐步增加,從以往的60噸級,到70噸級通用貨車、80噸級煤炭專用貨車等,目前普遍應用中。

中國鐵道貨車的代號表

代號	車種	代號	車種
P	棚車	B	保溫車
C	敞車	W	毒品車
N	平車	J	家畜車
X	貨櫃車	U	水泥車
K	礦石車	L	糧食車
D	長大貨物車	T	特種車
G	罐車	S	守車

中國鐵道貨車上面有代號,P代表篷車(棚車),這是篷車P70型。

貨車上面都有相關資料,載重,自重,容積,換算車長等等。

這是敞車C64K型,C代表敞車,K代表快速。

這是貨櫃車X1K型，X代表貨櫃車，K代表快速。

這是自備篷車ZP1，Z代表自備，P代表篷車，最後成為代用客車。（曾翔 攝）

這是礦石車KZ70型，K代表礦石車。

該編號規則也適用於香港九龍地區。這是敞車C64T型，T代表提速。

8-3 中國鐵道與台灣鐵道的貨車之差異比較

談到中國鐵道與台灣鐵道的貨車差異，主要是軌距的不同，中國鐵道主要是1435mm，台灣鐵道的貨車是1067mm，所以貨車的長寬規格上有差，運送貨品限制較多。中國鐵道的貨車，可以利用平車搭載100m長鋼軌，連續十多節車廂，這在台灣是不可能的事。台鐵的貨車，平車受限於寬度與軌距問題，軍運列車有搭載寬度2.9m的限制，無法運送太大的坦克車，甚至軍運改採走高速公路。

中國與台灣鐵道貨運實質上最大的差異，在於台灣鐵道貨運，受到高速公路的影響，除了大宗運輸還部分存在以外，零擔貨運早已經名存實亡，所以貨車的種類與數目，正急遽減少中。但是，中國地大物博，幅員廣闊，隨著經濟成長，貨車的種類與數目並未減少。

不過，中國與台灣鐵道貨運也有相似之處。關於鐵道貨運車輛，台灣與中國鐵路都一樣，基本上篷車、敞車、平車、罐車這四種最為實用的貨車，保留數目最多，中國稱為「通用貨車」。昔日台灣與中國鐵道，都曾經有使用篷車，當成代用客車，其他的「專用貨車」差異，則較為明顯。

而台灣鐵道的「專用貨車」，如煤炭車、石灰石車、水泥車、穀物車等都還在使用，以東部的水泥原料與成品，為最大宗運輸。而罐車除了台鐵自己本身還在運送油料以外，中油早已經不再使用了。而中國的貨櫃車、長大貨物車、毒品車、家畜車、水泥車、糧食車、特種車等「專用貨車」，目前都仍在使用中。

中國鐵道的貨車，利用平車搭載100m長鋼軌，連續十多節車廂。

中國鐵道的貨運依然興盛，貨車的角色依然吃重。

台鐵的貨車，平車受限於寬度與軌距問題，軍運有搭載寬度2.9m的限制。

台鐵的柴電機車牽引平車，1067mm軌距。

台鐵的貨運，如今以水泥原料與成品，為最大宗運輸。

台灣與中國都有使用貨車篷車，當成代用客車。

8-4 中國鐵道的標準軌貨車

　　中國鐵道的標準軌貨車形式非常地多，多數鋼體化，轉向架（四軸）化，以提高速度與運量。昔日地木造貨車，或是雙軸的小貨車，多數已經淘汰。部份前蘇聯製造，與滿洲國時期日本製的貨車，保存於瀋陽鐵路陳列館。

　　篷車是目前中國鐵道最普遍的貨車，其次是敞車與罐車，包括整車貨運與零擔貨運，如運送煤炭等則由敞車負責，運送液體貨物如石油等則用罐車。以前篷車拿來載客，當成代用客車，1997年起，鐵道部禁止篷車載客。其他比較特別的貨車，例如平車、大物車、保溫車等，保溫車是一種運輸對溫度有較高要求的鐵路貨車，常用來運輸新鮮食物，如魚、肉、鮮果、蔬菜等。

　　以前中國的鐵路貨運列車尾端，會附掛一節守車，因此在1949年之前，中國守車型式達23種之多。在1949年之後，中國鐵路推出S11型、S12型、S13型守車，取代這23種舊型號守車。但是貨運列車加掛守車意義不大，且會部份影響了貨車的編組，並影響了運輸效率。因此自1980年代開始，中國鐵道貨運列車的尾端，只有掛一個尾車燈，不加掛守車，以取代守車和車長。如今某些守車

中國鐵道的貨車群，篷車、敞車、平車這三種最為實用的貨車，數目最多，1435mm軌距。

篷車是目前中國鐵道最普遍的貨車。

敞車代號為C，C64K型為上方開放的空間，除了鐵門，旁邊也有卸貨的窗口。

篷車代號為P，P70型為密閉式的空間，旁邊有鐵門可以拉開。

保存於瀋陽鐵路陳列館。

　　目前中國鐵道的貨物運輸種類，主要分為整車貨運、零擔貨運和貨櫃貨運。整車貨運適用於大宗貨物；零擔貨運適用於零星貨物；貨櫃貨運適用於精密、貴重、易損的貨物。而「中鐵快運公司」的行包專列和行郵專列，以行李車型態存在，分別於1995年及

2004年開行，為目前中國鐵道運行速度最快的貨運列車。

　　另外鐵路貨運，也具有軍事運輸、特種運輸、抗洪搶險，和救災物資等特殊運輸任務的功能。所以搶修用車也編在貨車類別，以前也有古老的蒸汽大吊車，在特殊貨運時出任務，現在採用新的電動吊車。

裝運煤炭的C70E型敞車。

敞車的用途十分多元，除了裝運煤炭與砂石，也可裝運木材，甚至貨櫃。

中間這一排貨運列車，即是裝運貨櫃的敞車。

這是古老的G6輕油罐車，保存於中國鐵道博物館。

這是代號X的貨櫃車，搭載運送水泥的貨櫃。

韶山4型電力機車牽引的貨車，是代號為G的罐車。

這是古老的蒸汽大吊車。（曾翔 攝）

這是NX70型平車，裝置新的電動吊車。

這是代號為N的平車。

這是代號為D的大物車。

這是古老的D大物車，保存於中國鐵道博物館。

這部由東風7G所牽引的列車，是以行李車型態存在的中鐵快遞貨車。

保存於瀋陽鐵路陳列館，1911年前蘇聯製的C20型，雙軸木造貨車。

保存於瀋陽鐵路陳列館，如今已經消失的C1型，轉向架木造貨車。

保存於瀋陽鐵路陳列館，如今已經消失的G1型雙軸油罐車。

保存於瀋陽鐵路陳列館，如今已經消失的S5型守車與S12型守車。

這是古老的T6檢衡車，保存於中國鐵道博物館。

這是已經消失的J5家畜車，保存於中國鐵道博物館。

這是十分特別的冷凍貨車，保存於中國鐵道博物館。

這是已經消失的U20油罐車，保存於中國鐵道博物館。

這是古老的K13礦石車，保存於中國鐵道博物館。

8-5 中國鐵道的窄軌貨車

關於中國鐵道的窄軌貨車，窄軌體系有1000mm、762mm、600mm三種。1000mm軌距米軌，以雲南的滇越鐵路（昆河線）為主，762mm軌距以四川芭石鐵路與中國東北森林鐵道為代表，而600mm軌距吋軌以個碧石鐵路為代表。

只不過這些窄軌貨車，多數已經不再使用，隨著中國雲南滇越鐵路的沒落，貨運列車通過人字形橋的滇越鐵路的畫面，已經不再，部分車輛保存於雲南鐵路博物館。而昔日東北森林鐵道的消失，載運木材的貨運列車，已經逐漸淡出舞台，最後拆解消失。

還好，今日四川芭石鐵路與若干採礦場，仍為維持運作運煤的作業，成為最後

762mm軌距鐵路的保存路線。而青海湖的鹽業鐵道，貨運依舊進行，成為最後600mm軌距的保存天堂。

中國普遍的雙軸的運煤敞車，762mm軌距。

通過人字形橋的滇越鐵路貨運列車，1000mm軌距。（曾翔 攝）

四川芭石鐵路的運煤敞車，如今仍在使用，762mm軌距。

運煤貨車的插銷連結器，762mm軌距。

昔日雲南個碧石鐵路的鐵製篷車，1919年法國製造，保存於雲南鐵路博物館，600mm軌距。

篷車所使用窄軌轉向架，與阿里山鐵路及台糖鐵路相似，600mm軌距。

昔日雲南個碧石鐵路的木製敞車，1919年美國製造，保存於雲南鐵路博物館，600mm軌距。

昔日雲南滇越鐵路的木製篷車，1926年法國製造，保存於
雲南鐵路博物館，1000mm軌距。

該車1926年法國製造的銘版。

昔日雲南個碧石鐵路的木製篷車，1919年美國製造，保存
於雲南鐵路博物館，600mm軌距。

昔日雲南個碧石鐵路的平車，保存於雲南鐵路博物館，
600mm軌距。

運鹽的貨車，600mm軌距。

守車裡面有取暖的煤爐，兩旁還有瞭望功能的座椅與窗戶。

中國東北森林鐵道的守車，762mm軌距。

青海湖的鹽業鐵道貨車，600mm軌距。

8-6 連接俄羅斯、蒙古、哈薩克的寬軌貨車

中國土地面積遼闊，與周邊14個國家接壤，鐵路通鄰國貨暢其流，也關係到亞洲的地緣政治。現今中國共有10條鐵路與周邊鄰國連接，稱為鐵路口岸Border station，或稱為邊境車站。包含俄羅斯3個鐵路口岸、北韓3個鐵路口岸、越南2個鐵路口岸、蒙古1個鐵路口岸、哈薩克2個鐵路口岸，中國與這5個國家實現直通客貨運輸。而這些鄰國火車的軌距，除了越南為1000mm米軌，北韓為1435mm標準軌以外，剩下三個國家，全都是西伯利亞鐵路寬軌。

這些火車站除了進出口海關管制之外，最大的問題是銜接鄰國鐵道車輛，因應軌距與連結器的不同，因此在口岸車站，除了來自俄羅斯、哈薩克、蒙古的柴電機車，牽引寬軌貨車，中國鐵路機車設計必須有所調整，稱之為口岸型機車。因為軌距不同，客車必須更換轉向架才能駛入，但是貨車很少更換轉向架，所以不能直接駛入，而是以「貨運換裝」的方式進行。

中國鐵道的口岸，早年西伯利亞鐵路寬軌為1524mm，也就是5英尺，如今新的車輛都逐步修正為1520mm軌距，而且鐵路系統的規格均與獨立國協相同。因此，在滿洲里車站裡面，除了中國標準軌的貨車場，還有一個寬軌貨車場，停放許多俄羅斯的寬軌貨車，如貨櫃車，罐車，以裝運麵粉、飼料等穀物居多，等待換裝。這些俄羅斯的寬軌貨車群，都是1520mm軌距，這裡的換裝廠必須將不同軌距的貨車，貨物卸下，重新包裝轉移，才能輸送到全中國各大都市。

因為軌距不同，而產生的「貨運換裝」文化，這也是中國鐵道貨運極為有趣的現象，不過只能在口岸車站才能見到。

俄羅斯的寬軌貨櫃車，罐車，正穿越中國的國門。

滿洲里車站裡面，來自俄羅斯的寬軌貨車群，1520mm軌距。

來自俄羅斯的柴電機車，正牽引俄羅斯的寬軌貨車。

滿洲里有一個寬軌貨車場,停放許多俄羅斯的寬軌敞車,等待換裝。

俄羅斯的寬軌平車,專門用於裝運木材。

這就是貨物換裝作業,將不同軌距的貨車,貨物重新包裝轉移。滿洲里。

俄羅斯的寬軌敞車,注意其連結器與中國的不同。

俄羅斯的寬軌斗車,以裝運麵粉、飼料等穀物居多。

Box | Trans-Eurasian high-speed railway 新亞歐大陸橋

Trans-Eurasian high-speed railway新亞歐大陸橋,全長10,800公里,1990年9月12日貫通,第一班貨運列車經「亞歐大陸橋」,從中國上海來到荷蘭,這是用傳統的貨車,不停地變更轉向架軌距所完成,它的效率還是沒有發揮出來。過去,有幾條連結歐亞的洲際鐵路Trans-Continental Railway,包含西伯利亞大鐵路等等,可以讓火車橫跨歐亞兩洲,只是變更轉向架軌距,手續繁瑣。但是現在由中國主導的歐亞新絲路,Trans-Eurasian high-speed railway,計劃興建1435mm軌距新路線,不必變更轉向架,不用「貨運換裝」,可以讓貨物列車以時速200公里以上運行,從中國的上海連結荷蘭鹿特丹,將創造一帶一路的新絲路奇蹟。

9

中國的城市軌道交通車輛

Urban Rail Transit

軌道交通功███ 際旅行。
這是武漢的城市軌道交通 ██ 市景觀。

9-1 認識中國的城市軌道交通

Urban rail transit，在中國稱為城市軌道交通系統，在台灣稱為都市大眾運輸系統。一般而言，以捷運、輕軌之名通稱之。

城市軌道交通系統是指位於中國大陸、香港澳門地區，服務於城市內部或城市與郊區之間，以電力驅動的軌道交通系統，其中包括了地鐵、輕軌、有軌電車、膠輪導向電車、單軌電車及磁懸浮列車等，與一般中國的鐵道服務範圍不同。

因此，中國的鐵道運輸與軌道交通，兩者的性質不同，雖然表面上都是火車，行走軌道的電車，但是服務範圍與管理制度有別。前者提供的是城際的旅行，範圍很大，有實名制的限制，後者提供的是都市內的旅行，以都會通勤為主，範圍較小，沒有實名制的限制，以地鐵通勤的服務占大多數。簡而言之，前者軌道交通功用乃都會通勤，後者鐵道運輸功用乃城際旅行。

1971年北京地鐵1號線通車，成為中國第一條地鐵，截至2015年為止，北京地鐵的已經開通18條營運路線，營運里程高達527公里，318個車站。上海地鐵自1993年開通，迄今營運14條路線、337座車站，

這是中國城市軌道交通的高運量系統，上海地鐵1號線車廂，德國西門子車輛製造。上海也是全世界上規模最大的城市地鐵系統。

這是中國城市軌道交通的中運量系統，重慶的的單軌電車。

運營里程548公里，成為全世界上規模最大的城市地鐵系統。2000年後，中國的城市軌道交通系統開始快速成長，截至2015年為止，中國的地鐵都市，包含北京、天津、長春、大連、哈爾濱、瀋陽、南京、寧波、蘇州、上海、杭州、武漢、成都、重慶、長沙、無錫、西安、鄭州、昆明、深圳、佛山、廣州、香港，中國已經成為全球地鐵都市最多的國家，未來幾年地鐵仍持續在修建，地鐵都市還在持續增加當中。

在城市軌道交通系統中，由於都會人口旅次需求及都市地理環境的不同，因而造就出各式各樣的捷運系統。軌道交

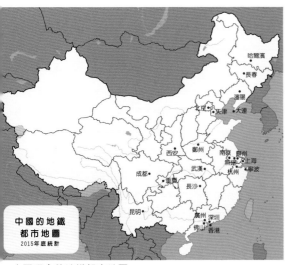

中國現今的地鐵都市地圖。

通不一定是鋼輪鋼軌的鐵路，也會有膠輪、磁浮、單軌與線性馬達等多元樣式。就學理上一般以運量作區分，可以分成高運量運輸（Heavy Capacity Transit）以及中運量運輸（Medium Capacity Transit）兩大類。

一般而言，所謂高運量捷運系統，是指每小時單方向運量在20,000人次以上，具有A型專用路權，服務於都市內或都市郊區間之捷運系統。有三種如下：

1. 高運量捷運－RRT－鐵路捷運系統
   Rail Rapid Transit（重軌系統）
2. 高運量捷運－RTRT－膠輪捷運系統
   Rubber Tired Rapid Transit（米其林系統）
3. 高運量捷運－RGR－區域鐵路系統
   Regional Rail（市域軌道交通）

所謂中運量捷運系統，每小時單方向運送5,000至20,000人次，具有A型專用路權的大眾捷運系統。其系統種類一般而言包含以下五種：

1. 中運量捷運－Monorail－單軌捷運系統
2. 中運量捷運－LRRT－輕軌捷運系統
   （Light Rail Rapid Transit）
3. 中運量捷運－ALRT－線性馬達捷運系統
   (Advanced Light Rail Transit)
4. 中運量捷運－AGT－膠輪導引捷運系統
   (Automatic Guided Transit)
5. 中運量捷運－Maglev－磁浮捷運系統

在中國城市軌道交通的高運量體系，RRT鐵路捷運系統是最普遍的，中國通稱為地鐵，使用最為廣泛 90%以上。其次是RGR區域鐵路系統，中國通稱為市域軌道交通或是快軌。又如香港的東鐵線，香港機場快線，大連快軌，天津的9號線等。市域軌道交通行駛的速度比地鐵快，車廂內部是長途靠背座椅，等同鐵道的客車服務，所以被稱為地鐵的延伸，或是廣義的地鐵。由於RGR乃介於軌道交通「通勤」與鐵道城際「旅行」的重疊地帶，因此會有傳統鐵路加入營運。例如從北京北站到延慶的「和諧長城號」，目前是已屬於北京市郊鐵路的S2線，還有以前的撫順電鐵電車，也是屬於市域軌道交通系統，如今已經消失。

在中國城市軌道交通的中運量體系，Monorail 單軌捷運系統以重慶市的2號與3號線為代表，高架的LRRT輕軌捷運系統，以長春輕軌3號與4號線為代表，最高營運時速可以達到70 km/h。至於ALRT線性馬達捷運系統，中國還不少，以北京機場快軌，與廣州地鐵4號線、5號線、6號線為代表。而AGT 膠輪導引捷運系統的很少，以廣州珠江新城旅客自動輸送系統為代表，Maglev

這是中國的市域軌道交通系統，大連的快軌電車。

磁浮捷運系統目前只有一個，以上海浦東機場磁浮為代表，也是目前全中國最快速的城市軌道交通系統。

中國的城市軌道交通系統，除上述的A型專用路權地鐵之外，也有B、C型路權的車輛，稱為「有軌電車系統」。截至目前2015年為止，中國有路面電車與輕軌電車營運的都市，包含瀋陽、長春、大連、天津、香港、廣州、上海、南京、蘇州等地。在歐洲經常可以見到的路面電車Tram，輕軌LRT，優遊於都市中，在中國都可以見到。

有趣的是，中國的有軌電車系統，相當於一個傳統路面電車與現代輕軌電車體系博物館，外型從古典到現代，內容從復古到科技，一應俱全。除了大部分是現代100%低底盤的輕軌電車LRV之外，還有很多珍貴的樣式，例如大連古典的路面電車，香港雙層的路面電車，瀋陽超級電容式，無架空線的輕軌LRV，上海與天津的Translohr，中央導軌式的膠輪導向電車系統，琳瑯滿目，不容錯過。

海峽兩岸城市軌道交通的系統分析表

軌道交通的類型	台灣使用的實例	中國都市使用的代表實例
RRT 鐵路捷運系統	台北桃園高雄MRT	使用最為廣泛90%以上
RTRT 膠輪捷運系統	—	米其林系統動車曾在滇越鐵路短暫出現過
RGR 區域鐵路系統	都會區的通勤電車	香港機場快線，香港的東鐵線，大連快軌
Monorail 單軌捷運系統	—	重慶市軌道交通的2號與3號線
LRRT 輕軌捷運系統	—	長春輕軌3號與4號線
ALRT 線性馬達捷運	—	北京機場快軌，廣州地鐵4號線、5號線
AGT 膠輪導引捷運	台北文湖線	廣州珠江新城旅客自動輸送系統APM
Maglev 磁浮捷運系統	—	上海浦東機場磁浮

◎關於城市軌道交通系統的分類，詳細請參閱拙作世界捷運與輕軌一書。

> **Box | 小常識——中國的城市軌道交通之最**
>
> 世界上規模最大的城市地鐵系統——上海地鐵（2015年運營里程548公里）
> 世界最快速的城市軌道交通系統——上海浦東機場磁浮（營運時速431公里）
> 世界單軌電車里程最長的路線——重慶單軌3號線（2015年營運里程39公里）
> 世界擁有地鐵都市最多的國家——中國（2015年為止共有23個都市營運）

這是中國的市域軌道交通系統，香港的東鐵線電車。

這是屬於有軌電車系統，瀋陽的軌道交通，超級電容式無架空線的輕軌電車。

昔日的撫順電鐵電車，也是市域軌道交通系統，如今已經消失。（曾翔 攝）

這是屬於有軌電車系統，上海軌道交通的Padua Translohr的輕軌電車。

這是屬於有軌電車系統，大連軌道交通的201路古典電車。

這是膠輪AGT導引電車，如廣州珠江新城旅客自動輸送系統APM，圖為同型式的台北捷運文湖線。

上海的磁浮運輸系統，營運時速431公里，是目前全中國最快速的城市軌道交通系統。

北京北站的和諧長城號，目前是北京市郊鐵路的的S2線，路線長達77公里，營運時速120公里，屬於市域軌道交通系統。

9-2 A型、B型、C型、L型的地鐵車輛的差別

　　關於中國地鐵車輛A型、B型、C型、L型的差別，是一個認識中國地鐵必備的功課。

　　因為在其他國家的地鐵，只有簡單區分高運量與中運量兩種，而台灣將RRT鐵路捷運系統直接歸類在高運量，其實這是有點攏統的作法。然而在中國，由於車廂規格的差異，每節載客量的多寡，對應到車門數，以及每列車編組的車廂數量，對於地鐵運量有非常大的影響，所以才細分出四種規格。

　　根據建標104-2008中國城市軌道交通工程項目建設標準，定義城市軌道交通，共有高運量、大運量、中運量系統、鋼輪鋼軌系統、市域軌道交通系統、有軌電車系統、跨座式單軌等輪軌系統如下：

　　I 類－高運量系統－採用鋼輪鋼軌系統

　　II 類－大運量系統－採用鋼輪鋼軌系統

　　III 類－中運量系統－採用鋼輪鋼軌或者單軌系統

　　IV 類－中運量系統－採用鋼輪鋼軌或者單軌系統，市域軌道交通系統，有軌電車系統，跨座式單軌

　　高運量、大運量、中運量的鐵路捷運系統，直接反映的就是車廂規格大小的不同，也就是使用A型車和B型車C型車的差別，而L型車就是線性馬達捷運系統。過去中國民眾A會將型車和B型車的線路系統被認為是地鐵，較小的地鐵車廂如B型C型，誤認為輕軌（Light Rail），例如天津的地鐵9號線稱為津濱輕軌，其實這是不正確的，這些路線均享有專用路權，都屬於地鐵。輕軌的車廂LRV（Light Rail Vehicle），以關節式（articulated / jacobs bogie）鉸接型車輛居多，比C型L型的車廂更小，這四種都是屬於地鐵的車輛，其相關數據整理如下表所示。

中國地鐵車輛A型B型C型L型的規格比較表

車型	A型車	B型車	C型車	L型車
長度(m)	21-24	19-21	15-19	15-17
有效長度(m)	22.1	19.8	17.5	17.0
寬度(m)	3.0	2.8	2.6	2.0
車門數目(對)	5	4	4	3
每節載客量(人)	310左右	240左右	210左右	243左右
營運速度(km/h)	100-80	100-80	100-80	85
編組方式	8節編組 6節編組 4節編組	4節編組	4節編組	6節編組 4節編組
運量分類	高運量鐵路捷運系統	大運量鐵路捷運系統	中運量鐵路捷運系統	中運量線性馬達捷運

　　首先，從以上的表格中得知，其實不同的地鐵車廂，速度差異不大，搭配不同節的列車編組，便可產生出運量極大的差異。事實上，同樣是A型地鐵車廂，每節有5個車門，每節載客量在310左右，8輛編成一組於上海地鐵1號線，6輛編成一組於上海地鐵4號線，4輛編成一組於上海地鐵2號線，每一列車的運量即有明顯不同。在尖峰的時段，後者的班距必須減少，發車的頻率應該增加，才能達到高運量的效果。

　　其次，B型地鐵車廂以成都地鐵2號線為例，每節有4個車門，6輛編成一組。C型地鐵車廂以上海地鐵5號線，每節有4個車門，4輛編成一組，車廂明顯比較小，這就是過去被誤認為輕軌的路線。至於L型地鐵車輛，即屬於線性馬達Linear Motor（中國稱為直線電機）驅動的電車，有較小的車廂斷面，減少鐵路地下化的施工成本，有較佳的爬坡力與

轉彎半徑，車廂明顯比較短小。如北京機場快軌，使用4節編組，與廣州地鐵4號線、5號線、6號線，使用4節或6節編組。

這四種地鐵車廂規格，搭配編組數目，產生的運量差異頗大，必須搭配班距規劃，運量略大者班距拉長，運量略小者班次密集，才能發揮最佳乘載率的效果。

這正是A型地鐵車廂，每節有5個車門，8輛編成一組，上海地鐵1號線，法國亞斯通製。

這也是A型地鐵車廂，每節有5個車門，6輛編成一組，上海地鐵4號線。

這也是A型地鐵車廂，每節有5個車門，4輛編成一組，上海地鐵2號線。

這是A型車廂的內部空間最大，上海地鐵1號線。

這是B型地鐵車廂，每節有4個車門，6輛編成一組，成都地鐵2號線。

這是B型車廂的內部空間,與A型相比,寬度不變,長度則略短一些。

這是C型地鐵車廂,每節有4個車門,4輛編成一組,上海地鐵5號線。

這是C型地鐵車廂,長度與寬度都有比較小。

這是線性馬達驅動的L型地鐵車輛,馬來西亞的吉隆坡。

這是線性馬達驅動的L型軌道。用於廣州地鐵4號線和北京機場快軌。

這是線性馬達驅動的L型車廂,空間並不窄小,但是座位數較少,北京機場快軌。

9-3 中國的地鐵電車Metro／Subway 世界

地鐵這個名詞，是一般中國民眾所熟悉的，而捷運這個名詞，是一般台灣民眾所熟悉的，其實該類常用名稱有八種。從英國倫敦的Underground、英語系稱Subway、德語系稱U-Bahn、法語系稱Metro、新加坡稱的MRT、日本稱地下鉄，中國稱地鉄、到台灣的捷運。無疑的Subway與Metro這兩個名詞最為普遍，成為都市捷運印象的主要表徵，它是最古老的地下鐵，占全球大眾捷運路網的長度公里數、系統數、運量人數的最大項。

地鐵緣起於1863年，在資本主義社會時代的英國，開啟所謂的地下鐵Underground的時代。為了減少施工成本，隧道內徑限制在12英尺（3.6公尺），地下鐵像根管子，在地底下四通八達，所以英國倫敦的地下鐵又名Tube「試管」。雖然，最初的地下鐵是資本主義社會下的產物，很快的隨著都市人口增加，而且地面道路有限，為了紓解道路擁擠，構建都市內的鐵路運輸網路，的確有其必要性。1886年美國紐約出現第一條都市高架鐵路，1892年美國芝加哥也完成都市高架鐵路，尤其是1896年匈牙利首

九廣鐵路的東鐵線電車，視同地鐵路線服務的延伸。

九廣鐵路東鐵線的內部，與一般地鐵車廂無異。

香港機場快線的電車，是行駛都市近郊的區域鐵路。

都布達佩斯，出現歐洲大陸第一條地下鐵，同時也是全世界第一條真正「電氣化」的地下鐵。

接下來的歲月，鐵路捷運如雨後春筍般在全世界各地展開，包含1898年的維也納，1900年的巴黎，1904年的雅典，乃至於東洋第一條地下鐵，1927年在東京出現。雖然中國的地鐵起步較晚，在二次大戰結束後，1971年北京地鐵1號線開通，成為海峽兩岸第一條地鐵。上海地鐵自1993年開通，迄今營運14條路線，運營里程548公里，成為全世界上規模最大的城市地鐵系統。2015年中國已經成為全球地鐵（捷運）都市最多的國家，包含北京、天津、長春、大連、哈爾濱、瀋陽、南京、寧波、蘇州、上海、杭州、武漢、成都、重慶、長沙、無錫、西安、鄭州、昆明、深圳、佛山、廣州、香港，一共有23個都市，這些都市都已經有地鐵的服務，未來幾年，中國地鐵仍持續在修建，地鐵都市的數目仍然在增加當中。

需要注意的是，實質上中國的地鐵，包含都市內的Metro，與行駛都市近郊的區域鐵路Regional rail，也就是廣義的地鐵。在德國前者稱為U-bahn，後者稱為S-bahn，在中國前者稱為地鐵，後者稱為市域軌道交通系統或是快軌。後者行駛的速度更快，車廂內部是長途靠背座椅，車廂服務與速度等同鐵道的客車，包含香港機場快線，大連快軌，天津的津濱輕軌9號線，北京市郊鐵路的S2線，成都的成灌鐵路等等，路線長度介於地鐵通勤與城際運輸之間。不過，有些地區兩者的差異不大，例如港鐵是由前九廣鐵路和香港地鐵在2007年所合併，而九廣鐵路的東鐵線，是從香港延伸到羅湖的市域鐵

香港機場快線的車廂，其內部設施為長途靠背座椅。

大連快鐵採用B型車廂，4輛一組，行駛於市區郊外的鐵路系統。

大連快鐵的車廂，為長途靠背座椅，因為車廂比較小，只有三排座，也是行駛都市近郊的區域鐵路。

天津的津濱輕軌9號線，也是屬於S-bahn市郊的鐵路。

路，視同地鐵路線服務的延伸，但是電車與一般的地鐵車廂無異。

此外請注意，地鐵並不代表一定是地下化的鐵路，只要是隔離的A型專用路權，也可能在地面與高架軌道上行駛。換言之，鐵路捷運實質包含了地鐵Subway與高架鐵路Elevated Train兩種形式，也可能是從傳統鐵路改建而來。最有名的一個例子，就是上海地鐵3號線的軌道路線，來自1876年的松滬鐵路，而寶山路站，是原本松滬鐵路的起點。1997年該路線拆除，沿原線路建成上海地鐵3號線的高架鐵路，2000年12月營運。原來上海的地鐵，與清末中國第一條鐵路的關係，竟是如此深厚呢！

這是上海地鐵3號線的軌道，寶山路站，原本松滬鐵路的起點。

Box 中國的地鐵自由行

自從中國許多大都市有了地鐵，正確名稱為「城市軌道交通」，可以地鐵自由行的大都市，已經有很多。現在要去中國的大都市自助旅行，實在是方便多了，而且中國多數地鐵的地下區間，普遍設置月臺門，十分的安全。只要買了地鐵票或是一日券，即可自在地在都市內旅行，同時多數地鐵系統或鐵路系統，都會連接到都市附近的機場，只要能從機場買票搭到都市中心，這也使得都市的航空自由行，變成可能。基本上旅客只要有機票、機場快鐵票、酒店住宿券、地鐵票（一日券），四券在手，便可以暢行無阻。以下本單元，將中國地鐵的搭車文化，以圖片搭配圖說的方式展示。

中國地鐵站與火車站，旅客進站前都得先通過安檢。

中國地鐵月台上有書報攤，與飲料自動販賣機。

中國地鐵月台上有提供廁所，以彌補車廂內沒有廁所的缺憾。

中國地鐵車廂可以吃東西喝飲料，台灣則是禁止。

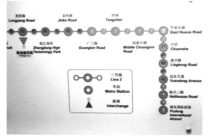

注意綠色是行駛預定路線，紅色是已經通過路線，本列車只開到廣蘭路為止。

中國地鐵車廂內的把手廣告。

香港八達通卡，可以查詢最近搭乘地鐵的消費紀錄，也可以做其他消費。

中國地鐵車廂內有電視，提供即時新聞與廣告。

利用隧道內的投影系統，地鐵列車通過隧道時，車窗產生動態的廣告。

上海地鐵單程票，亦可使用一日票18元，不必每站購買，十分的方便。

9-4 中國的有軌電車Tram／Streetcar世界

　　有軌電車或稱路面電車，原文為Tram，或是稱街車Streetcar，C型路權，行走於街道的軌道交通工具。Tram可以用獸力、蒸氣機、內燃機或電力驅動，全球最早電力驅動的有軌電車，由德國西門子公司修建，1881年Groß-Lichterfelde Tramway。而中國最早的路面電車，時間是1899年，由德國西門子公司修建，連接北京郊區的馬家堡火車站與永定門，也在十九世紀末葉誕生。

　　二十世紀初，1904年香港路面電車開通，而天津於1906年、上海於1908年路面電車先後開通。隨著日俄戰爭結束，中國東北成為日本和俄國的勢力範圍，東北各大都市如大連、哈爾濱、長春、瀋陽、相繼開通路面電車，1924年12月17日，北京前門大街的路面電車開通，往返於前門至西直門之間。中國設有租界或是通商口岸的城市，相繼開通路面電車，如雨後春筍般發展開來。

　　二次大戰結束之後，1958年鞍山開通路面電車。但是隨著都市擁擠，汽車的數目成長，和公共運輸的發展，1958年北京的前門有軌電車停止營運，1975年上海

有軌電車視同公車，穿梭於市區的車陣之間。

大連的有軌電車，201路綠色的古典車廂。

等都市的路面電車路線，陸續被拆除，2001年6月6日，鞍山路面電車停止營運。二十世紀末葉，中國許多都市陸續發展輕軌LRT，但是傳統的路面電車，有保存下來的都市很少。（關於輕軌LRT請參閱下一單元）

　　如今，中國仍有保存傳統路面電車運營的城市，只剩下香港、大連、北京。香港的雙層有軌電車，保留英國的風味，穿梭於市區的車陣之間，是非常重要的都市特色。而大連的有軌電車，201路的古典車廂，有著濃濃的日本電車風

情，電車前後的單扇門，令人不禁想到日本大阪的阪堺電氣鐵道。至於北京從前門大街到珠市口的電車，則是重新修建的路線，在2009年元旦以「噹噹車」的名義，重新營運，成為時下逛北京時髦的觀光運輸工具，找回1924年北京的第一條有軌電車的記憶。

香港的有軌電車，雙層的車廂，車廂外面還有廣告。

香港的雙層有軌電車，在市區交會，是非常重要的都市特色。

中國古典的電車車廂，不只是外型復古，車廂內裝也十分古典。

北京正陽門前，前門大街的復古電車前門二號，找回1924年北京的第一條有軌電車的記憶。

日本大阪的阪堺電氣鐵道，電車前後有一個單扇門，中間有一個雙扇門。和大連有軌電車十分近似。

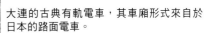

大連的古典有軌電車，其車廂形式來自於日本的路面電車。

昔日長春的有軌電車。（曾翔 攝）

昔日鞍山的有軌電車，可惜已經停止營運。（曾翔 攝）

9-5 中國的輕軌電車LRT世界

過去二十年，中國民眾會將較小的地鐵車廂如B型C型，誤認為輕軌，例如天津的地鐵9號線稱為津濱輕軌，這是不正確的。「輕軌運輸」LRT（Light Rail Transit）是傳統Tram的升級版，與地鐵性質截然不同，需要重新加以認識。

西元1881年，世界上第一條Groß-Lichterfelde Tramway，在德國Lichterfelde營運，從此路面電車出現，街道上不再只是馬車和汽車的天下。一時之間遍佈全球，成為各大工業國家的重要都市交通工具，從十九世紀漫延至二十世紀。然而，由於石油開採進步，內燃機的汽車普遍發展，路面電車逐漸沒落。如今，由於汽車造成嚴重壅塞和污染，故在1970年代中期以後，利用現有路面電車的架空線路網，以「輕軌運輸」的新面貌重新復興，並成為一波都市公共運輸新潮流。

顧名思義，輕軌運輸之所以稱為輕軌，係因早期LRT所使用的鋼軌重量，較傳統鐵路輕而得名，但是目前無論是捷運或LRT，幾乎都使用相同重量的鋼軌。所以今日的"輕"代表運量較輕，車寬僅2.2～2.8公尺，車體斷面小容量較小，也表示其運量較輕，與傳統捷運相比較小，由於輕軌運輸的運量較低，故名為輕軌系統。同時因為輕軌運輸系統通常都是使用B型路權為主，也就有限度「消極」的車道分隔；在某些路段使用C型路權，可以有效的降低興建成本。雖然，LRT的服務速度，不可能像大眾捷運一樣快，但是BC型路權軌道也可以很舒適優雅，以綠草地妝點大地，把公共運輸留在地面，令人耳目一新。

最近全球LRT輕軌的新趨勢，發展無障礙運輸空間，進一步開發100%低底盤的LRV（Light Rail Vehicle）車輛，已經沒有

瀋陽的無架空線輕軌，僅在車站上方有架空線可以充電。

所謂的轉向架，馬達為橫向配置加上車輪，藏身於座椅下方。車門處地板的高度，距軌道的頂面僅18公分左右，車門與車軸間地板的高低差很少，採用這種低地板的車輛，可以使車站月台的設計，能夠完全配合街道，更合乎「無障礙運輸」的人性設計，使攜帶單車、推嬰兒車或坐輪椅的旅客，乘坐更加方便。

另一個全球LRT的新趨勢，無架空線的輕軌電車，超級電容的充電技術也已經成熟，輕軌電車僅在車站上方有架空線可以充電，充完電之後開始出發，可減少電車對於架空線的依賴，避免對於都市景觀的破壞。例如瀋陽的輕軌路線，即有這款高科技電車，2013年8月正式營運，而台灣高雄LRT也在試營運。搭乘的LRT需知與地鐵相同，

多數LRT都是一票到底，管進不管出，而且都有銜接地鐵路網，十分的方便。

此外，歐美國家發展出先進的膠輪導向電車（Rubber-tired Trams），例如Bombardier開發的Padua Translohr系統，只有一條中央導引的鐵軌置於道路的中間，可以用一個或兩個導引輪置於中央導引的軌道上，而輕軌電車的車輪則採用膠輪，既可減少噪音亦可增加爬坡力，亦可提高乘坐的舒適程度，而該種LRV的車體為100%低底盤，並採用架空線的結構。尤其沒有過去路面電車的軌道都市，可以減少軌道鋪設成本。這種新版的膠輪式輕軌電車，也被稱為陸地版的單軌電車（Surface Monorail Tram）。2006年底，天津濱海新區開通了中國第一個使用膠輪導向電車的Translohr。2009年，上海浦東新區張江高科地區也開通了Translohr膠輪導向的路面電車。

截至目前2015年為止，中國有輕軌LRT營運的都市，包含瀋陽、長春、大連、天津、香港、廣州、上海、南京、蘇州等地。這些都市的LRT都十分的先進，除了使用一般的輕軌電車之外，也有100%低底盤的輕軌電車，也有膠輪導向電車，以及無架空線的超級電容輕軌電車，四種輕軌電車種類，在中國十分齊全。未來中國的都市包含武漢、珠海、寧波等都市，也將陸續興建開通營運輕軌電車。

瀋陽的無架空線輕軌，超級電容式LRT，充完電之後開始出發。

瀋陽輕軌電車的內部，低底盤無障礙運輸空間。

搭輕軌電車請自行投幣或刷電子票證，搭一次2元，不限里程。

輕軌電車行駛A型路權的LRRT輕軌捷運系統，以長春輕軌3號與4號線為代表，行車速度可以提升至70公里。

輕軌電車行駛B型路權，與一般車流隔離，行車速度可以有效加快。大連星海廣場202路電車。

輕軌電車行駛C型路權，與一般車流混合，其角色與路面電車無異。大連201路電車。

上海的張江高科有軌電車LRT，是PaduaTranslohr系統。

天津與上海的有軌電車，PaduaTranslohr的內部，是低底盤的無障礙運輸空間。

香港開往屯門碼頭的輕軌電車LRT。

Box ｜ 輕軌捷運LRRT與輕軌LRT的差異

輕軌捷運LRRT（Light Rail Rapid Transit）系統是使用輕軌運輸的車輛，在A型路權的軌道上行駛，與輕軌運輸LRT（Light Rail Transit）系統有別。其實輕軌運輸系統主要是使用B型路權，而輕軌捷運系統則使用有專用軌道的A型路權，兩者不可混淆視之。事實上LRT與大眾捷運最大區別，在於與其他交通工具的隔離程度，捷運為A型路權，而LRT為B型路權。當LRT完全與其他車流立體隔離，有專用路權的捷運型態，稱為輕軌捷運LRRT，其行車速度不遜於捷運系統，只是車廂較小而已。目前中國高架的LRRT輕軌捷運系統，以長春輕軌3號與4號線為代表，由於大多數為高架路線，最高營運時速可以達到70km/h。

中國也有100%低底盤的輕軌電車，共有五節單元，瀋陽桃仙國際機場。

天津濱海新區的有軌電車，是屬於PaduaTranslohr的系統，沒有架空線，電車可以收起集電弓用充電方式運行，也是屬於超級電容式LRT。

所謂的PaduaTranslohr系統，只有一個中央導引軌，電車行駛仍然倚賴膠輪。

廣州市海珠環島新型路面電車，沒有架空線，也是屬於超級電容式LRT。

9-6 中國的單軌電車Monorail世界

Monorail俗稱單軌電車，是指跨坐或是懸掛在一條運行軌上的車輛。全球第一條實用的單軌電車營業線，在1901年於德國的烏伯塔市誕生，Wuppertal的Schwebebahn，全長13.3公里，該路線係利用該都市的河道上方的空間構建捷運，既具觀光功能，也無土地的拆遷問題，一舉數得，但是其為鋼樑與鋼輪式，並非今日普遍之膠輪式。直到今日Schwebebahn運行超過百年，完全無任何傷亡紀錄。

重慶市是中國極少數以單軌電車，為城市軌道交通工具的都市。2004年重慶的單軌電車2號線通車，全長14.35公里，成為中國第一條營運的單軌電車，迄今已經有十年的歷史，單軌電車的外觀美感十足，成為重慶市最重要的軌道交通意象。2011年9月的第二條單軌3號線通車，2011年12月30日起重慶江北國際機場到南坪二塘段通車，從此3號線的1、2期工程，營運里程全長39公里，正式超越日本的大阪高速鐵道（Osaka Monorail），成為全球最長的單軌路線。

基本上單軌電車Monorail可以分成兩大類，第一種為跨在軌道梁上運

單軌電車的外觀美感十足，還有城市廣告：文明城市共創美好家園。

單軌電車的車站，因為軌道樑的緣故，月台旁邊有旅客陷落的危險，必須設置月台門加以隔離。

行，車體重心在軌道梁上部的方式，稱為跨座型單軌電車（Straddle Type Monorail）。第二種在軌道梁上運行的轉向架下方懸掛車體，車體重心在軌道梁下部的方式，稱為懸掛型單軌列車（Suspended Type Monorail）。為考慮到橫風與穩定的問題，

重慶市單軌電車，採用跨座型單軌，而單軌電車的車站，因為軌道樑在下方的緣故，月台旁邊有旅客陷落的危

險，必須設置月台門加以隔離。

今日全球單軌電車，因考慮爬坡力較佳與減少噪音問題，絕大多數都採用膠輪結構，重慶市單軌電車，也不例外。由於膠輪結構爬坡力強，所以在人口稠密或具有山丘地形的都市頗受歡迎，這一點非常適合重慶。因此重慶的單軌電車，高懸在山壁之上，以四節編組，緊鄰嘉陵江，視野絕佳，風光綺麗。不論是從機場到市區，或是在市區觀光，重慶單軌電車是不可或缺的交通工具。

單軌電車佔用道路的空間很小，又具有極佳的地形適應性，而且為A型路權，不受地上車流干擾，因此除了作為都市軌道交通，也利於發展觀光，對地表的干擾與破壞最少。因此，不只是重慶有單軌電車，遊覽廣西的桂林灕江山水，也有單軌電車呢！

重慶市是以單軌為城市軌道交通工具的都市，這是重慶的單軌電車2號線。

單軌電車的內部空間。

單軌電車的駕駛座。

重慶的單軌電車，高懸在山壁之上，緊鄰嘉陵江，視野絕佳，風光綺麗。

不只是重慶有單軌電車，遊覽廣西的桂林灕江山水，也有單軌電車。

9-7 中國的磁浮列車Maglev世界

全球磁浮列車推進的系統有兩種，一為線性感應馬達LIM，以日本EDS系統為代表，此種懸浮方式之車輛，一開始速度為零停在地面，故需裝設車輪。另一種推進系統是線性同步馬達LSM，以德國EMS系統為代表，此種懸浮方式之車輛，即使速度為零，即浮離地面，故不需裝設車輪。而上海磁浮即是德國的Transrapid07系列，也是世界上第一條投入商業運行的高速磁浮鐵路。

上海的磁浮列車，其技術來自德國的Transrapid系統，在德國完成Transrapid系列試驗後，原計劃於2002年完成柏林至漢堡磁浮高速運輸系統，預估使用Transrapid07列車。然而上海浦東機場磁浮SMT搶先一步，2004年1月1日正式商業營運，營運時速431公里，最高可達五輛編組，2006年11月12日，使用Transrapid07列車試驗速度可達501公里。磁浮列車予人一種超現實的科技感，是人類陸地飛行的運輸工具，除了運輸的功能，也展現強烈的運輸科技實力。上海磁浮列車的龍陽路車站，充滿科技與前衛，尤其是夜景更加強烈，宛若太空城市的超現實夢幻。

上海磁浮列車SMT，是屬於電磁懸浮EMS的列車，也就是利用異性磁場間產生之吸引力，做為車輛的支撐與導引。車輛的兩側向導軌兩邊環抱，在車輛的下部裝有電磁鐵，導軌的底部以鋼板代替線圈。當通電激磁時，電磁所產生的磁場吸引力使車輛向上吸引，而車輛又因重力而下沈，磁力與重力兩力平衡時，車輛與導軌間則產生間隙（Gap）。為維持固定的間隙，即懸浮的高度，磁場的勵磁電流必須採封閉的

龍陽路站外的公園，上海的磁浮列車即將出發。

迴路，以保持磁力的穩定。同時採用間隙檢知器（Gap Sensor），以自動維持間隙在10～15公釐間。由於磁浮列車的車輛與軌道沒有接觸，故沒有黏著阻力，只要透過線性馬達的超距力推動，這就是它可以高速運行的原因。

在人類磁浮發展史上，如果扣除磁浮試驗線與後來關閉的路線，上海浦東機場磁浮列車，是全球第一條成功商業營運的磁浮系統。未來，上海的磁浮列車將拓展路線，連結浦東機場、虹橋機場、杭州機場三個大運輸點，在2027年日本中央新幹線完成以前，這條將是全世界規模最大的磁浮運輸路線。

上海的磁浮列車停靠在月台上，SMT是它的標誌。

上海的磁浮列車的車廂與月台

上海磁浮列車的二等艙，座椅為3+3排的配置。

上海磁浮列車的頭等艙，座椅為2+2排的配置。

上海磁浮列車的龍陽路車站夜景，宛若太空城市的夢幻。

上海磁浮列車以時速350公里，
很快地超越公路的汽車。

上海磁浮機場站。

上海磁浮列車內部，顯示本車達到極速
431km/h。

Box | 上海磁浮列車SMT搭乘體驗

上海磁浮列車，西起上海地鐵2號線龍陽路站，東到浦東國際機場，線路全長30公里，設計最高運行速度為
每小時431公里，單線執行時間為7分20秒。憑機票買車票有八折優惠。
時間：6:45-21:30，其中6:45-17:00每15分鐘一班，17:00-21:00每20分鐘一班，21:00-21:30每30分鐘一班。
地址：磁浮龍陽路站：龍陽路2100號
磁浮機場站：上海浦東國際機場候機室東側（300米廊道直接連接）。
電話：021-28907777

10

中國鐵道的博物館

China
Railway
Museum

中國北京的鐵路博物館，展示的龐大蒸汽機車群，其歷史深度，不言可喻。

10-1 大格局新視野——鐵道科技與歷史文明的省思

　　鐵道，是中國近代史百年以來的運輸動脈，火車，是今日不分老少的共同記憶。尤其是從前蒸汽火車的時代，嗚嗚的汽笛、淒愴的節奏、濃濃的黑煙，凝聚成多少離鄉遊子的夢影。尤其在它汽笛一聲，巨輪滾動往前飛奔之際，無形中穿越多少時空，與親切鄉愁的記憶，也帶領國家走過戰後「經濟起飛」的年代。

　　然而，曾經燦爛的風華，也有落幕的時刻。二次大戰結束之後，柴油內燃機車崛起，蒸汽火車走向除役，電力機車挑起大樑，電聯車動車的便利，高鐵路網的普及，使人們將火車重新定義。誠然，追求高品質的服務，高科技的速度，是鐵路現代生存經營的不二法門。然而，若讓曾經重要的文物流失毀去，只有不停更替的新車「驚奇」，火車進步的升級，將難掩「失根」的記憶，永遠沒有回首一刻，新舊並存的「溫馨」。

鐵道博物館的意義

　　因此，鐵道博物館Railway Museum存在的意

潘陽鐵路陳列館的外觀，除了S代表「潘」字，時鐘上的數字都有其意義。

潘陽鐵路陳列館是第一類的國家級鐵道博物館，內部收藏許多南滿鐵道與滿州國時期的老火車。

義，就是要將鐵道文物有系統地整理及保存，就如同一個國家，重視其歷史一樣。既不是為了少數人的懷念或追憶，也不是為了滿足鐵道迷，而是在文物保存的制度下，珍視其科技發展的「歷史軌跡」；讓一切重要的努力都能為後人所記憶，這樣在無形中使當下的經營者知其重任，延續傳承鐵道文明的歷史。

　　而鐵道文物本身，無非就是歷史軌跡的一部份；既是當代科技文明的「縮影」，也是當地人民生活的「記憶」；不論是有形的鐵道車輛、車站，或是無形的制度，都是鐵道文化的一部份。這些鐵道文化實寄生於鐵道文物的保存之中。由此可見，鐵道博物館的責任重大，它開創國民的大格局與新視野，讓鐵道科技與歷史文明，得以世代傳承。

　　回顧西元1829年，英國首開人類蒸汽機車營運的歷史，西元1857年倫敦科學博物館，即開始收藏鐵道文物，蛻變演進至今，約克鐵道博物館成為世界鐵道博物館的代表作。裡頭不止有1830年代的蒸汽火車，更重要的是約克鐵道博物館的後面，還舖有通往車站的軌道，只要人類鐵道文明不停地進步，就永遠不停有新車一部部被放進來。

　　西元1872年，日本在東亞首開鐵道營運的歷史，1921年即在東京站北口成立鐵道博物館，2007年東京埼玉縣的大宮鐵道博物館，演變至今，全國有二十幾處鐵道博物館。對這兩個東西方鐵道先進國家而言，從該國最初鐵道的出現，到鐵道博物館成立，都不超過五十年。

鐵道博物館的展示內容

　　世界各工業大國，都非常重視其鐵道博物

鐵道博物館肩負國家榮耀的傳承使命，教育民眾的功能，這是中國鐵道之父，詹天佑先生蠟像，潘陽鐵路陳列館。

館的設置與展示內容，就博物館（museum）的功能性而言，具有記錄歷史（history）、保存文物（curiosities）、以及教育（education）三個重點，如果博物館純粹只有文物的收藏，沒有計劃性的展示整理，其與倉庫何異？因此，若增添了對歷史的記錄，使文物有秩序的排列，文物的史蹟性必大幅提昇；若能加重對文物解說的設計，使之更能平易去理解，提高其教育功能，則文物對社會的貢獻（contribution）性亦獲得彰顯。因此，歷史、文物、教育對博物館三項缺一不可。

鐵道博物館在「科技文明歷史」和「科學教育」這兩個部份格外強調，甚至在前者，特別宣揚其國家榮耀。例如英國的約克鐵道博物館，展示世界最快的蒸汽火車A4 Mallard 4468，時速可達202.8km/h，法國的摩洛斯鐵道博物館展示世界最快的電力機車頭BB9004，時速高達331km/h，以及2007年TGV-V150創下世界最快的高鐵試驗速度574.8km/h。過去日本秋葉原東京交通博物館大門以D51蒸汽火車頭和0系新幹線並列，前者是遠東地區製造最多的蒸汽火車，後者是1964年全球高速鐵路的肇始者。在科學教育方面，鐵道博物館裡陳設許多機械解剖構造模型，甚至不乏真實的電車、集電弓、轉向架、號誌及平交道，可以實地操作。因此，一個匯集各方精華聚合而成的鐵道博物館，對一個國家的歷史文化及教育各方面的貢獻，將具有舉足輕重的地位。

鐵道博物館的分類

世界上最早的鐵道運輸來自於歐洲，鐵道客運十分發達，鐵道博物館相較之下規模較大，而且種類較多。針對鐵道博物館的分類，以我自己親身走過的博物館調查，與現行鐵道博物館的架構為例，普遍上的分類有三種：

第一種鐵道博物館，是政府設置的獨立部門，也就是專門展示的鐵道博物館，不少是利用舊有的鐵道空間，機務段或扇形車庫所改建。其博物館展廳最大，例如英國約克鐵道博物館，就是顯著的實例。不過，這一類的鐵道博物館，未必是由政府機關（國鐵）經營，有可能是附屬於國家鐵道公司，財團法人、民間團體等組織。以編列預算挹注，維護其經營所需的財源。

第二種鐵道博物館，是附屬於國家級的科學博物館，科技博物館，或是交通博物館，以科學教育為主體。但是獨立設置鐵道的展示廳，例如倫敦的大英博物館體系，倫敦科學博物館即有鐵道博物館專區，不過其規模比前者略小。或者是名為交通博物館，但是主要內容絕大多數以鐵道博物館為主。

以上兩種博物館，財源與管理機構皆為獨立運作。可能來自政府機關編列預算「挹注」，或是民間與法人團體的捐獻。例如美國史密森蘇尼博物館組織，與英國大英博物館的NRM，皆屬於此類捐獻的財源。

第三種鐵道博物館，是附屬於地方鐵道公司，城市鐵道局、交通局、地鐵（捷運）等鐵道營業的組織；或是私人捐獻收藏，或保存鐵道的組織（Heritage Railway Society），行銷其蒸汽機車的動態旅遊體驗，在基本鐵道的運作之外，附設鐵道博物館。通常這類博物館，主要是作為鐵道公司與企業宣傳，收費低廉或免費，開放時間有限，但是展示內容，具有其鐵道公司獨特性與地方企業文化，例如日本的原鐵道博物館，德國漢堡的Miniatur Wunderland，鐵道模型的展示非常豐富，挪威的佛洛姆鐵道博物館，介紹佛洛姆登山鐵路，即是屬於此類。

鐵道史是無國界的，英國約克博物館陳設，也收藏中國KF型7號蒸汽機車。

義大利達文西科技博物館是第二類鐵道博物館，設鐵道博物館專區，左圖為史蒂芬生的雕像。

第一類鐵道博物館──專門展示的國家鐵道博物館

英國	約克鐵道博物館　世界最大的鐵道博物館
英國	倫敦交通博物館　London Transport Museum
法國	摩洛斯鐵道博物館
德國	紐倫堡鐵道博物館
希臘	雅典鐵道博物館
土耳其	安卡拉鐵道博物館
西班牙	巴塞隆納 加泰隆尼亞鐵道博物館
匈牙利	布達佩斯鐵道博物館
丹麥	歐登賽鐵道博物館
拉脫維亞	里加鐵道博物館
俄羅斯	聖彼得堡鐵道博物館　鐵幕國家最大的鐵道博物館

第二類鐵道博物館──附屬交通與科學教育的博物館

英國	倫敦　科學博物館（設鐵道博物館專區）
德國	柏林　科技博物館（設鐵道博物館專區）
瑞士	盧森　交通博物館（設鐵道博物館專區）
奧地利	維也納　科技博物館（設鐵道博物館專區）
義大利	米蘭　達文西科技博物館（設鐵道博物館專區）
土耳其	伊斯坦堡　Rahmi-Koc-Industriemuseum Istanbul（設鐵道博物館專區）

第三類鐵道博物館──地方鐵道公司或民間組織經營宣傳的博物館

英國	K&W Railway Museum　凱蒂沃斯鐵道博物館
德國	Sauschwänzlebahn Museum　黑森林鐵道博物館
德國	Hamburg Miniatur Wunderland（largest model railway of the world）
挪威	Flåmsbana Museum　佛洛姆登山鐵道博物館
土耳其	Çamlık Railway Museum　塞爾柱地方鐵道博物館
土耳其	Istanbul Railway Museum　伊斯坦堡車站鐵道博物館
西班牙	Montserrat Railway Museum　蒙特塞勒登山鐵道博物館
匈牙利	Children Railway Museum　布達佩斯兒童鐵道博物館

　　世界各國國家級的鐵道博物館，皆是第一類鐵道博物館居多，是專門展示的鐵道博物館。而鐵道發達的國家，如英國、德國、中國、日本，往往第二類鐵道博物館，附屬交通與科學教育的博物館，與第三類鐵道博物館，地方鐵道公司或民間組織經營宣傳的博物館，都是相當地精采！

　　相較於歐洲地區，美洲、亞洲、大洋洲地區，公路與汽車比鐵道發達，出門遠行未必搭火車。因此，這個地區的鐵道博物館，就呈現非常強烈的地域性；1987年起，日本鐵道民營化，加上原本的私鐵公司很多，鐵道博物館的數目，則以鐵道王國的日本最多。在日本之外，印度、澳大利亞、美國、加拿大亞的鐵道博物館屬性，與歐洲相近，除了政府設置的獨立部門，也有不少附屬於鐵道公司，與保存鐵道組織的博物館。

日本代表性的鐵道博物館

日本北海道　小樽總合博物館
日本北海道　三笠鐵道博物館
日本東京　　大宮鐵道博物館
日本東京　　地下鐵博物館
日本東京　　青梅鐵道公園
日本東京　　東武鐵道博物館
日本東京　　原鐵道博物館
日本橫川　　碓冰嶺鐵道文化村
日本山梨　　磁浮鐵道資料館
日本名古屋　JR東海鐵道博物館
日本名古屋　博物館　明治村
日本大阪　　交通科學博物館
日本京都　　梅小路蒸汽機關車館
日本門司港　九州鐵道紀念館

世界其他地區代表性的鐵道博物館

韓國　　　　首爾鐵道博物館
印度　　　　德里鐵道博物館
印度　　　　加爾各答鐵道博物館
印尼　　　　安布拉瓦鐵道博物館
澳大利亞　　墨爾本鐵道博物館
美國　　　　巴爾的摩鐵道博物館
美國　　　　芝加哥鐵道博物館
美國　　　　加州沙加緬度鐵道博物館

中國鐵道博物館概況

　　二十一世紀，中國是全球矚目快速崛起的鐵道王國，躍居世界鐵道里程第二大，鐵道客運里程最長的國家，同時也是高鐵里程、高山鐵道海拔高度位居世界第一的國家，這樣莊嚴的鐵道環境，鐵道博物館更是不可或缺。因此鐵道博物館，普遍是以政府設置的獨立部門，也就是以前述第一種為主。隨著後來2013年3月14日，中國鐵道部轉型中國鐵路總公司，鐵道博物館依然延續其使命，繼續經營，而且有許多新車加入。

　　在過去中國鐵道部存在的時代，鐵道博物館肩負國家榮耀的傳承使命，教育民眾的功能，例如中國鐵道之父，詹天佑先生像，在詹天佑紀念館與瀋陽鐵路陳列館都可以見到。瀋陽鐵路陳列館的外觀，除了S代表「瀋」字，時鐘上的數字都有動車組開始營運意義。又如北京中國鐵道博物館東郊館，收藏一部中國KF型7號蒸汽機車，另外一部KF型典藏在英國約克博物館，敘述從粵漢鐵路到英國約克博物館，KF

聯盟型蒸汽機車的傳奇（在本書第一冊蒸汽機車單元）。中國北京鐵道博物館，已經成為世界頂尖的鐵道博物館。

以中國鐵道博物館來說，第一類的國家級鐵道博物館，最為顯著的代表，即是北京中國鐵道博物館東郊館，以及瀋陽的鐵路陳列館。前者以典藏全中國鐵道重要車輛為目標，後者收藏許多南滿鐵道與滿州國時期的老火車。基本上，中國鐵道史上曾經出現的重要車種，從蒸汽機車、柴油機車到電力機車，在這兩個鐵道博物館幾乎都可以找到。第二類的博物館，比較有代表性的為上海磁浮博物館，正式名稱為「上海磁浮交通科技館」，由上海磁浮列車公司所經營，目前是上海市科普教育基地。

中國地大物博，地方鐵道公司一直在蓬勃發展，例如過去九廣鐵路公司所有的香港鐵路博物館，所以屬於第三類博物館。而若干地方鐵道公司的鐵道博物館，也發展地很有特色，十分地精采！四川省嘉陽小火車，所經營的蜜蜂岩科普體驗基地，遼寧省鐵煤集團，所經營的調兵山鐵煤蒸汽機車博物館等，都是值得一看的地方鐵道博物館。這兩個博物館除了靜態的展示，也成功地行銷其蒸汽機車的動態旅遊體驗。雖然比較商業化，但是站在博物館永續經營，需要穩定的財源角度來看，不失為成功的案例。

中國代表性的鐵道博物館

北京	中國鐵道博物館	東郊館
北京	中國鐵道博物館	正陽門館
八達嶺	中國鐵道博物館	詹天佑紀念館
上海	上海鐵路博物館	
上海	上海磁浮博物館	
瀋陽	瀋陽鐵路陳列館	
昆明	雲南鐵路博物館	
香港	香港鐵路博物館	
四川	嘉陽小火車科普體驗基地	
調兵山	鐵煤蒸汽機車博物館	

未來鐵道博物館的經營與展望

相較於中國、日本、歐洲各國的蓬勃發展，台灣目前還沒有正式的鐵道博物館，令人惋惜。1998年台鐵CK101蒸汽火車復駛，是具有指標性意義的起點，然而如何妥善規劃現有的鐵道文物收藏，從純粹的懷舊的層次走向教育的層次，終能建立國家級鐵道博物館，才是鐵道文化保存的終極目的。

許多第一類的國家級鐵道博物館，係利用舊有的鐵道空間所改建，本圖為匈牙利布達佩斯鐵道博物館，原本是扇形車庫。

在2012年中華民國總統治國週記，我首次向馬總統提出建置國家鐵道博物館的想法。到2014年我48歲為止，我親身走過全球48個國家的鐵道，我也親身參訪過全球有八十幾座鐵道博物館與交通博物館，範圍涵蓋世界五大洲。希望能夠有朝一日，將這些資料寫成「世界鐵道博物館」大觀一書。本書中國鐵道博物館，只是我長年研究調查其中一個單元而已。

我想，博物館成功經營的關鍵因素，要有CEEO，收藏Collection－資產清點，展示Exhibition－系統動線，教育Education－流程規劃，營運Operation－財源控管，四項缺一不可。目前最大的問題，在於國家鐵道博物館的組織問題，不論是鐵道博物館，或是交通博物館，除了理想之外，更要落實到政策執行面，應該成立跨部會的層級，涵蓋交通部，文化部，教育部等單位，成立國家鐵道博物館籌備處。邀集產官學各界菁英成立委員會，參考美國華盛頓史密森蘇尼博物館組織，與大英博物館的NRM，給鐵道博物館獨立的財源與組織，編列獨立預算去執行，否則博物館的經營，必須仰賴商業收入來開闢財源，這是不能迴避的問題。而中國鐵道博物館的經驗與格局，很值得我們學習參考。

對於鐵道博物館與鐵道文化的保存，至今我們仍然有很長的路要走。過去所佚失的，不可追回；現有所擁有的，善加珍惜。我們的上一代，在當年艱困的環境下，文物佚失，來不及留下回憶即成追憶；我們的這一代，現在所做的努力，是留給下一代完整的記憶。我想，鐵道博物館打開一個大格局新視野，給我們鐵道科技與歷史文明的深切省思。不論鐵道如何地發展與改變，都不要偏離鐵道本然的價值、意義與莊嚴，以及大格局、大氣度的胸襟與遠見，這也是我一路走來的努力的意義與目的。

10-2 北京—中國鐵道博物館 東郊館

中國鐵道博物館東郊館，其前身是於1978年成立的鐵道部科學技術館，以負責中國鐵路建設、歷史文物的蒐藏與展示工作。然而，鐵道部科學技術館並無正式的館址。1991年6月，鐵道部計畫建立中國鐵道博物館，館址選在「鐵道部科學研究院」實驗基地附近。1993年3月，鐵道部科學技術館由鐵道科學研究院代管。2000年開始，鐵道部籌劃建立國家級的鐵路博物館，收集了大量的鐵路文物史料，2002年11月2日，中國鐵道博物館正式啟用。後來分成三個館，東郊館、正陽門館、詹天佑紀念館，原有館址定名為東郊館。

中國鐵道博物館東郊館其角色為主館，主體包括機車車輛展廳、綜合展廳和鐵路專題展廳。館內除有關中國鐵路歷史展覽外，還設有機車車輛陳列廳，陳列廳建築面積達16500平方米，廳內有8條展示線路，可以同時展。展示80-90輛鐵路機車車輛，包括歷代鐵路機車、客車等。基本上，中國鐵道史上曾經出現的重要車種，從蒸汽機車、柴油機車到電力機車，在這兩個鐵道

北京鐵道博物館的朱德號與毛澤東號蒸汽機車。

北京鐵道博物館的入口外觀。

博物館裡面展示中國鐵道史，歷史上各款重要的車型，以1435mm軌距為主。

博物館幾乎都可以找到。此外，鐵道博物館外面，還是中國鐵道實驗基地的高速「環形鐵道」試驗線，中國的各種高速列車是在此地完成試車，才會開始交付營運。

這部火車是博物館內，最窄的軌距600mm，個碧石鐵路的SN型小火車。

這部KD55蒸汽機車是日本9600型，縮小1000mm軌距，用於昔日的昆河線鐵路，這也是海峽兩岸共同使用的蒸汽機車，台鐵DT580型蒸汽機車。

鐵道博物館的外面有軌道，可以將新的車輛，透過軌道進入館內典藏。

北京鐵道博物館的館藏十分豐富，主要有中國1881年的蒸汽機車0號，現今收藏最古老，使用於唐胥鐵路的火車。展示了中國鐵路不同歷史時期的機車車輛近60台，其中有中國現存最早的蒸汽機車，有以革命領袖的名字命名的機車，包含朱德號與毛澤東號蒸汽機車，具有政治性意義以外，例如中國重要工業用的前進型蒸汽機車0001號，也有英、美、日、俄、比利時等國製造的蒸汽機車。此外，還有中國自行設計製造，中國第一代"東風"型內燃機車和韶山1型電力機車，還有不同種類的鐵路硬坐車、臥車、餐車、行李及貨車等。

雖然中國鐵道博物館的展示車輛，主要是以標準軌距1435mm類型居多，但是也有少數的窄軌火車，例如KD55蒸汽機車是日本9600型，縮小軌距的1000mm軌距版，個碧石鐵路的SN型小火車，最窄的600mm軌距，而日本9600型也是台鐵的DT580型蒸汽機車，成為海峽兩岸共同使用的蒸汽機車。這些展品充分反映了中國鐵路發展的艱苦歷程，這些都是中國鐵路從無到有，從落後到現代，歷史發展的光輝見證。

Access 圓夢之路

北京市朝陽區酒仙橋北路1號，可搭乘公共汽車403、629、516路路(北京站東街-環行鐵道)，到達環形鐵道站下車前行，過鐵道橋左轉往北1000米可達。

門票：20元人民幣／張 9:00-16:00
（15：30停止售票）。

除春節除夕、初一、二、三閉館，
例假日均開館，星期一閉館。

官方網站 www.china-rail.org

10-3 北京—中國鐵道博物館　正陽門館

中國鐵道博物館有三個館，東郊館、正陽門館、詹天佑紀念館。中國鐵道博物館的正陽門館，是規模最小的一個博物館，卻是最有意義的鐵道歷史建築。在二十世紀初葉，它就是老北京火車站，又稱前門火車站，位置剛好就在天安門廣場東南，正陽門以東，故名正陽門東車站。

正陽門東車站，該車站由英國人所修建，1906年完工，車站建成，成為京奉鐵路（北京到瀋陽）的起點。1906年，法國人修建北京另一座火車站，正陽門西車站，成為京漢鐵路（北京到漢口）的起點，兩座火車站東西相對，英法勢均力敵。1906年4月1日京漢鐵路通車，正陽門西站啟用；1911年8月京奉鐵路全線通車，正陽門東車站啟用，1914年1月並與南滿鐵路接軌。從此，北京正陽門前的火車站，見證許多中國歷史的大事件，包含革命、北伐、日本侵華等等，一直是北京最大的火車站和重要的交通樞紐。

1949年新中國成立，正陽門西車站荒廢，1958年時被拆除。正陽門東車站，一直擔任北京車站的角色，直到1959年新的北京站完工才停用，還好建築被保留下來，並改做其他用途。正陽門東車站原本英國紅白相間的色調，改為綠白相間，一度變為老車站商城，2001年該車站被登錄歷史建築。直到2010年10月23日，正陽門東車站又再次變更身分，以中國鐵道博物館「正陽門館」為名開館。

中國鐵道博物館正陽門館，這個歐式建築火車站，建築物本身即是一個參觀亮點，很值得仔細端詳。館內空間有限，沒有實體火車，只有以歷史文件與鐵道模型為主，不過，百年前正陽門東車站裡的月台雨棚，如

中國鐵道博物館的正陽門館，昔日為老車站商城，上面保留英文字The station。

正陽門館在二十世紀初葉，為京奉鐵路時期北京車站的老照片。（資料來源：維基百科）

昔日北京車站變成博物館，當時京漢鐵路的漢口火車站，法國建造的「大智門火車站」同屬歐式建築車站，有著異曲同工之妙。

百年前正陽門東車站裡的月台雨棚，如今被完整保存在博物館內。

館內展示蒸汽機車的動輪結構。

今被完整保存在博物館內。主要的展覽內容為"中國鐵路發展史"。以五個部分的階段劃分展覽命題，分為五個部分：

第一部分（1876-1911）蹣跚起步的中國鐵路
第二部分（1911-1949）步履維艱的中國鐵路
第三部分（1949-1978）奮發圖強的中國鐵路
第四部分（1978-2002）長足發展的中國鐵路
第五部分（2002-至今）科學發展的中國鐵路

然而，1906年從北京到漢口的京漢鐵路通車，當時1906年的北京火車站，正陽門東車站如今已經變成鐵道博物館，同一時期，正陽門西車站卻被拆除。還好昔日京漢鐵路的漢口火車站，法國建造的「大智門」火車站，該棟建築物還保留著，只可惜還沒有變成博物館。1906年的北京火車站與漢口火車站，同屬歐式建築，前者英國建造，後者法國建造，有著異曲同工之妙。希望老車站建築能變成博物館，這條路能夠繼續延續下去。

Access 圓夢之路

搭乘北京地鐵2號線在前門站下車，即可抵達。
門票：20元人民幣／張9:00-17:00（16：00停止售票）除春節除夕、初一、二、三閉館，例假日均開館，星期一閉館。
官方網站 http://www.china-rail.org/zymg.html

中國鐵道博物館的正陽門館，英國建造的歐式建築的鐘樓，實在很漂亮！

10-4 八達嶺—中國鐵道博物館 詹天佑紀念館

詹天佑是中國鐵道之父，更是中國鐵道史上的頭號傳奇人物。

詹天佑，1861年4月26日出生，字達朝，號眷誠，祖籍徽州婺源（今江西省）。1878年成為小留學生，進入美國耶魯大學，修讀土木工程和鐵路，1881年詹天佑從留學歸國。1904年，滿清政府要興建連接北京與關外的鐵路，計畫之初英國與俄國都想派工程師爭取主導權，最後中國決定自己興建，滿清政府指派留美歸國的詹天佑擔任總工程師，這就是中國清代最有名的京張鐵路。

這條路線最困難的一段，是從南口至八達嶺長城一帶的「關溝段」，不僅地勢險峻，坡度亦大。然而詹天佑從他親身勘察的三條選線中，選擇出建造成本最低的一條，在1905年9月4日開工，只花四年時間，1909年8月11日京張鐵路完工，10月2日通車。詹天佑設計以Z字形路線爬升，成功地克服了八達嶺的險峻坡度，解決開鑿長隧道的難題，詹天佑當年的巧思，讓這條鐵路聲名大噪，也找回中國人自行修築鐵路的自信與驕傲。

1919年4月24日，詹天佑逝世，終年59歲。1922年

和諧長城號與八達嶺車站，搭火車是拜訪該博物館最快的方式。

八達嶺車站與後方的長城，詹天佑紀念館就在車站外面不遠處。

中國鐵道博物館詹天佑紀念館的外觀，融入之字形鐵路的內涵，以及他的心願。

青龍橋火車站豎立詹天佑銅像。1982年5月20日，中華人民共和國鐵道部將詹天佑與其妻譚菊珍，從北京海淀區萬泉莊，遷葬於京張鐵路青龍橋火車站站房右側。1987年，又建成了詹天佑紀念館。後來詹天佑紀念館，變成中國鐵道博物館的一個分館。

2008年8月北京奧運開辦時，京張鐵路通車將近百年，京張鐵路與萬里長城成為觀光勝地，中國推出最新的推拉式柴油動車組，和諧長城號NDJ3型往返於長城和北京北站，旅客搭和諧長城號到達八達嶺，即可參觀詹天佑紀念館。在詹天佑紀念館的館內，有詹天佑的銅像，裡面有許多詹天佑生前的照片與功業史蹟。例如京張鐵路最著名的之字形鐵路折返，館內有鐵道模型，以動態展演呈現，是了解詹天佑一生的史績必去的景點。

雖然，詹天佑當年所興建的鐵路，已經有百年歷史，這條鐵路目前依然動態保存著，而和諧號長城號，是目前行走「京張鐵路」的內燃動車組列車。旅客在搭乘的過程中，在青龍橋站可以實地體驗之字形的折返，並瞻仰詹天佑的銅像。我想，從搭乘詹天佑興建的京張鐵路，到參觀詹天佑紀念館，這個博物館與這條鐵路的結合，成為最佳的動態保存體驗。

2008年北京奧運開辦時，和諧長城號啟用，同一時間也是京津高速鐵路，CRH2C與CRH3C和諧號動車組啟用，中國的高山鐵路與高速鐵路發展，兩者皆是世界第一。如今中國鐵道規模傲視全球，詹天佑希望中國的鐵道能不受外侮，自立於地球之上，等了一百年，終於圓夢！

館內詹天佑的銅像，與紀念碑的碑文。

館內有許多詹天佑生前的照片與功業史蹟。

京張鐵路最著名的之字形鐵路折返，館內有鐵道模型，以動態展演呈現。

Access 圓夢之路

從北京北站搭乘北京市郊S2線，和諧長城號列車來到八達嶺車站，是拜訪該博物館最快的方式，詹天佑紀念館，就在八達嶺車站車站外面不遠處。

門票：20元人民幣/張 8:00-16:30（16：00停止售票），每日均開館，每年11月1日到隔年4月30日，星期一閉館。

官方網站http://www.china-rail.org/ztyg.html

10-5 上海─上海鐵路博物館

上海鐵路博物館是一個新的博物館，屬於上海機務段，2004年8月建成並對外開放。整個博物館包括占地約1300平方米的室外廣場展區，擁有3000餘平方米建築面積的博物館主樓。博物館的4層主樓，80%的比例是照滬寧鐵路，1909年上海站原樣建設，還原當年上海站的英式古典風格。

上海是中國第一條鐵路，1876年吳淞鐵路的發源地，館內有著相當豐富的鐵道模型，與中國鐵道的近代史照片。在這個博物館，可以透過許多老照片，一窺中國鐵道的近代史。例如1876年，吳淞鐵路完工敲下最後一根釘的故事，以油畫的方式呈現。此外，上海鐵路博物館的戶外展示區，營造了一個早期鐵路火車站的場景，展示的美製KD型蒸汽機車與水鶴，木結構的月台雨棚旁，蒸汽機車牽引一節古老客車廂，以及來自雲南鐵路，個碧石鐵路的SN型小火車。

上海鐵路博物館的戶外展示區，展示的美製KD型蒸汽機車與水鶴，軌距1435mm。

來自雲南鐵路，個碧石鐵路的SN型小火車，軌距600mm。

上海鐵路博物館的正門口。

1876年，吳淞鐵路敲下最後一根釘的故事，以油畫的方式呈現。

館內有著相當豐富，中國鐵道的近代史照片。

上海鐵路博物館的戶外展示區，展示一部建設型蒸汽機車模型JS1977，約1/4比例。

Access 圓夢之路

搭乘上海地鐵3號或4號線來到寶山路站，寶山路旁邊即是上海鐵路局機務段，上海鐵路博物館沿著指標行走即可抵達。地址：天目東路200號，星期一閉館。

官方網站 http://www.museum.shrail.com/tlbwg.htm

10-6 上海—上海磁浮博物館

　　上海磁浮博物館，其正式名稱為SMT「上海磁浮交通科技館」，該館位於上海磁浮列車龍陽路車站的正下方，是一座用以展示磁浮技術，和上海磁浮列車歷史的展覽館。該館的前身是上海磁浮科技展示廳，經過整修後變成磁浮交通科技館，2007年8月16日正式開館，面積1250平方米。展館分為五個部分，分別為磁浮的誕生、上海磁浮線、磁浮探秘、磁浮優勢、磁浮展望等等。

　　該博物館裡面展示人類研發磁浮的科技歷程，上海磁浮列車的模型，有許多科技原理的詳細介紹，例如上海磁浮列車的工字型樑斷面，以及EMS懸浮的電磁鐵結構。包含金氏世界紀錄的認證書，上海磁浮列車創下世界公共運輸最快的紀錄，以時速431公里跑完全程30公里的歷史紀錄。

上海磁浮列車即將進入龍陽路站

博物館內展示磁浮的科技歷程。

上海磁浮交通科技館，就位於上海磁浮列車龍陽路車站正下方。

磁浮科技的構造原理，由軌道下方的電磁鐵吸引車身懸浮，透過線性馬達linear motor的驅動，沒有與軌道接觸，上海磁浮列車可以達到極速431公里，無疑地，磁浮列車予人一種超現實的科技感。磁浮列車的龍陽路車站與博物館，充滿科技與前衛的超現實夢幻，尤其是夜景更加強烈。是一個充滿科技知識和未來想像的科技博物館。

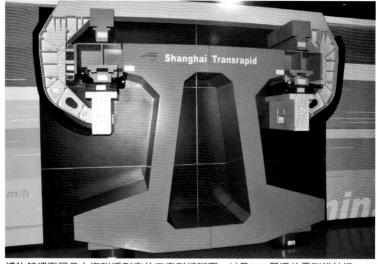

博物館裡面展示上海磁浮列車的工字型樑斷面，以及EMS懸浮的電磁鐵結構。

金氏世界紀錄的認證書，上海磁浮列車創下世界公共運輸最快的紀錄，以時速431公里跑完全程30公里。

上海磁浮列車的模型，有許多科技原理的詳細介紹。

Access 圓夢之路

上海磁浮交通科技館，位於中國上海市浦東新區龍陽路2100號。搭乘上海地鐵2號線

來到龍陽路站，即可抵達上海磁浮交通科技館。擁有當日上海磁浮車票的旅客，即可

以免費入館參觀。

開放時間：9:00-17:00，全年無休。

官方網站 http://kpgl.stcsm.gov.cn/BaseVenue/MosaicPage.aspx?id=10000040

10-7 瀋陽─瀋陽鐵路陳列館

　　瀋陽鐵路陳列館，位於瀋陽鐵路局蘇家屯區。這個博物館的內容非常豐富，館藏資源僅次於中國鐵道博物館東郊館，是中國第二大鐵道博物館，也是屬於國家級的鐵道博物館。該館在正式成立之前，曾經是位於原棋盤山植物園，瀋陽蘇家屯蒸汽機車陳列館，當時展出了15台蒸汽機車。2005年博物館搬遷，在鐵西森林公園內建起新的展館，2009年，該館再次搬遷到蘇家屯區，2010年10月18日，該館以瀋陽鐵路陳列館重新開放。

瀋陽鐵路陳列館的外觀，與人民型蒸汽機車RM1247號。

　　就在瀋陽鐵路陳列館的外面，有一個巨大的火車意象圖騰，以S代表「瀋」字，I代表「鐵軌 」的斷面，時鐘是蒸汽機車的煙室門，時刻代表第一部瀋陽高鐵動車組通車時間，五個火車的動輪組，是從舊型「前進型」蒸汽機車所拆下來的，代表承先啟後，前進不息。

　　不同於有些鐵路博物館是用舊車庫改建，瀋陽鐵路陳列館是嶄新的建築，明亮的空間，展示29部機車群，陳列非常地整潔漂亮，偌大的空間，建立成一排中國的蒸汽機車、內燃機車、電力機車的鐵道進化史。連最新的高鐵動車CRH3C都有陳列。此外也有軌道轉轍器、鋼軌與1908年的臂木式號誌，以做為科學展示與鐵道相關人士教學之用。

博物館外S代表「瀋」字，I代表「鐵軌」的斷面，煙室門的時鐘是動車通車時間，五個火車動輪是前進型蒸汽機車。

　　瀋陽鐵路陳列館外，有兩部蒸汽機車展示，人民型RM1247蒸汽機車與前進型QJ1043蒸汽機車。館內收藏許多南滿鐵道與滿州國時期的蒸汽火車，尤其是SL 勝利型 4-6-2蒸汽機車，滿鐵時代亞細亞號機車，流線型パシナPaShiNa，為當年亞洲速度最快的蒸汽火車，為鎮館之寶。其他如1907年美國的蒸汽機車，前蘇聯進口的FD型蒸汽機車，許多珍貴的老火車，是其他博物館所少有的。

瀋陽鐵路陳列館內有許多珍貴的老火車，展示前蘇聯進口的FD型蒸汽機車。

該博物館陳設非常
地整潔漂亮，展示
中國的內燃機車群
與進化史。

該博物館就位於瀋陽鐵路局蘇家屯站的外面，車站本身即
是優美的歐式建築。

佔大的空間，連最新的高鐵動車CRH3C都有陳列。此外也有
軌道轉轍器與號誌，以做為科學教學之用。

Access 圓夢之路

瀋陽鐵路陳列館，就位於瀋陽鐵路局蘇家屯火
車站的外面，除了搭乘火車以外，也可以搭乘
324路、327路、333路公車，到蘇家屯區山丹街
口步行15分鐘。

不過該館並不對一般民眾開放，入館必須通過
團體預約申請許可，以鐵道相關職業人士為
主，並有導覽人員，服務免費。

地址：瀋陽蘇家屯區山丹街8號。(搭計程車可到)

預約申請電話：024-62077705 024-62077715
(服務部)

開放時間：週二至週五9:00-15:30，週六至週日
9:00-16:00，星期一閉館。

鐵道10號轉轍器與每公尺40公斤鋼軌的實物展示。

10-8 昆明—雲南鐵路博物館

雲南鐵路博物館位於昆明北站，這裡是滇越鐵路歷史資料展示館，佔地3176平方米，2004年開館，該博物館外面，即是米軌的實體鐵路，昆河線鐵路。另外有一個窄軌機車車輛館，在昆明北站旁邊不遠處。這裡是中國鐵路唯一的米軌1000mm gauge鐵道博物館，其重要地位，不言可喻。

窄軌機車車輛館，舊車庫改造的展示空間，展示滇越鐵路的老火車與上萬件珍貴文物。例如該博物館的鎮館之寶，就是滇越鐵路傳說中的米其林動車。此外，滇越鐵路KD55型583號蒸汽機車，也就是日本9600型的米軌版，這是海峽兩岸共同的蒸汽火車，也是不可錯過的重點，還有雲南鐵路個碧石鐵路，寸軌600mm的SN型蒸汽小火車。由於米軌是中南半島所共同使用的軌距，火車鐵道可相通，所以在該館裡面，還有緬甸贈送的蒸汽機車與客車，以資國際交流。

後來，雲南鐵路博物館重新整合窄軌機車車輛館，2014年5月18日，雲南鐵路博物館重新對外開放。新的雲南鐵路博物館，跨越運行

該博物館外面，即是米軌的實體鐵路，昆河線鐵路的火車，自昆明北站開出。

館內展示KD55型583號蒸汽機車，也就是日本9600型的米軌版。

中的昆明北火車站三條股道，成為了車站裡面的博物館，博物館裡面的車站，收藏有雲南鐵路准軌1435mm、米軌1000mm、寸軌600mm、三種軌距的火車，或為中國鐵道窄軌博物館的最佳代表。

館內以舊車庫改造的展示空間，這是緬甸贈送的蒸汽機車與客車。

雲南鐵路博物館的鎮館之寶，滇越鐵路的米其林動車。

昆明雲南鐵路博物館的外觀，注意其下方註明文字，窄軌機車車輛館。

原本位於昆明北站的雲南鐵路博物館，歷史資料展示館。

Access 圓夢之路

雲南鐵路博物館位於昆明北站裡面，窄軌機車車輛館，在昆明北站旁邊不遠處。建議可以從昆明站搭乘計程車抵達昆明北站。

地址：昆明市北京路913號昆明北站。

10-9 香港—香港鐵路博物館

在1997年以前，香港為英國人所管轄，所以其鐵道車輛，有著濃濃的英國風情，與同時期的中國鐵道截然不同。1997年以後，才成為香港特別行政區。因此，香港鐵路博物館雖然不大，但是它的火車的類型，有著極高的特殊性，這裡看不到東風、韶山、前進、上游等熟悉的中國火車編號，鐵路體系自成一格。

香港鐵路博物館，其實就是現今的MTR九廣鐵路公司，早前創建於1913年的大埔墟火車站，1983年該火車站停用，1986年12月20日變成香港鐵路博物館開放。博物館裡面展示的火車不多，但是有不少九廣鐵路時期的老照片值得一看，以及當年使用過的工具、文物與火車模型等。

香港鐵路博物館中保留了6輛歷史車輛、手動及機動工程車各一輛。館內有兩部火車頭，最具代表性。一部是昔日九廣鐵路，1955年引進的首台柴油機車的51號柴電機車，稱為「亞歷山大爵士號」，2004年陳列。另一部是1923年購自英國的0－4－4T型蒸汽機車，用於香港沙頭角支線610mm軌

香港鐵路博物館的外觀，1913年的大埔墟火車站。

這是博物館裡面所展示，該館在廣九鐵路車站時期的老照片。

香港鐵路博物館的門口與招牌。

該館展示昔日廣九鐵路的51號柴電機車,「亞歷山大爵士號」。

該館展示昔日香港沙頭角支線的蒸汽機車。

距,1928年被賣到菲律賓的甘蔗園。1995年透過廣九鐵路公司和博物館的努力,輾轉多年之後,將這台運回香港鐵路博物館展出。2010年館內展覽廳,新增了香港地鐵的簡史等等。

Access 圓夢之路

搭乘香港九龍的東鐵線,到太和站下車,沿指標即可到香港鐵路博物館。地址:大埔墟崇德街13號,入館免費。開放時間:星期一、星期三至星期日(包括假日),每日上午9時 — 下午5時。休館時間:星期二、聖誕日、聖誕翌日、元旦日、農曆年初一至初三。

官方網站 http://www.heritagemuseum.gov.hk/chi/museums/railway.aspx

10-10 四川—嘉陽小火車科普體驗基地

　　四川嘉陽小火車科普體驗基地，它不是一個靜態的展示博物館，而是一個活的動態體驗博物館。該館設置於嘉陽小火車的蜜蜂岩車站，旅客搭乘芭石鐵路嘉陽小火車，即可來到這裡參觀。尤其，中國現在還保存蒸汽機車動態行駛的地方，數目已經很少，比較常態經營，並設有商業網站提供動態資訊的地方，一個是遼寧省調兵山的鐵煤蒸汽機車，1435mm軌距；另一個是四川嘉陽小火車，762mm軌距。這兩處每年吸引許多國內外鐵道迷前來，一睹蒸汽機車行駛風采。

　　蜜蜂岩火車站本身即是之字形路線的結構，與阿里山鐵路的之字形分道相同，所有上山與下山的蒸汽火車，一定得進站停靠之後進行調車。因此，您一定可以看到蒸汽機車，解勾，後退，折返，重新掛鉤，再連上車廂。這樣實際運行的歷程，無非即是保存實體的鐵道文化，因此稱為鐵道的科普實驗基地，實不為過。因此2013年2月，該館正式納入中國鐵道博物館體系，更是中國鐵道十分少見762mm軌距的鐵路博物館。

　　在嘉陽小火車科普體驗基地，旅客可以看到同屬762mm窄軌的體系，保存牡丹江柴油機車與昔日相關的窄軌車輛。此外，這裡還有大小蒸汽火車同時並列，1435mm+762mm軌距，這是嘉陽小火車科普體驗基地，才有的獨特風景。

　　如果有那麼一天，同屬762mm窄軌的體系，之字形的台灣阿里山鐵路火車，也能將退役的火車送到這裡來展示，中國也將窄軌蒸汽機車，送到嘉義北門車庫園區展示，禮尚往來，相互交流，成為762mm鐵道共同的歷史見證，那該是件多麼美好的事。

大小蒸汽火車同時並列，1435mm+762mm軌距，這是嘉陽小火車科普體驗基地才有的獨特風景。

2015年芭石鐵路嘉陽小火車時刻表

運行趟次	站點名稱	石溪站	躍進站	蜜蜂岩站	菜子壩站	仙人腳站	焦壩站	芭溝站	黃村站
第一趟	上行到站時間	6:00	6:15	6:32	6:47	6:57	7:05	7:10	7:15
	返回到站時間	8:30	8:15	7:58	7:48	7:38	7:30	7:25	←
第二趟	上行到站時間	9:30	9:45	10:02	10:17	10:27	10:35	10:40	10:45
	返回到站時間	12:00	11:45	11:28	11:18	11:08	11:00	10:55	←
第三趟	上行到站時間	14:00	14:15	14:32	14:47	14:57	15:05	15:10	15:15
	返回到站時間	16:00	16:15	15:58	15:48	15:38	15:30	15:25	←
第四趟	上行到站時間	17:00	17:45	18:02	18:17	18:27	18:35	18:40	18:45
	返回到站時間	20:00	19:45	19:28	19:18	19:08	19:00	18:55	←

蜜蜂岩車站本身即是之字形路線的結構，左邊鐵路火車下山，右邊鐵路火車上山，與阿里山鐵路的之字形相同。

該館正式納入中國鐵道博物館體系的招牌。

同屬762mm窄軌的體系，這裡也保存牡丹江柴油機車與昔日相關的窄軌車輛。

動態的窄軌蒸汽機車展演，令人著迷。每年吸引許多國內外鐵道迷前來，一睹蒸汽機車行駛風采。

Access 圓夢之路

從躍進站搭乘嘉陽小火車抵達蜜蜂岩車站即可。

四川嘉陽集團有限責任公司　　地址：四川樂山犍為縣芭溝鎮躍進橋

官方網站 http://www.scjyjt.com/train01.html

聯繫電話：0833-4091267　　傳真：0833-4091345　　E-mail：bgs@scjyjt.com

旅客搭火車到蜜蜂岩車站，普通車5元，請注意其火車時刻表。（以官網為準）

10-11 遼寧調兵山—鐵煤蒸汽機車博物館

　　遼寧省調兵山的鐵煤蒸汽機車博物館，是由「鐵煤集團」鐵路運輸部所經營，就在大青站旁邊。這是一間由地方鐵道公司所經營的博物館，該鐵路博物館包含兩個地方，一個是位於正門口的「蒸汽機車博覽園」，另一個是位於後方的「蒸汽機車陳列館」。此外，還有一項蒸汽機車動態體驗，由鐵煤蒸汽機車博物館所推動的「蒸汽機車旅遊專案」，必須事先預約申請，其業務由調兵山車站，遼寧火車頭國際旅行社所承辦。

　　這個鐵道博物館，可說是從蒸汽機車靜態的展示參觀，到動態的旅遊體驗，以商業化包裝的方式，做得有聲有色，吸引國內外鐵道迷前來參觀，一睹蒸汽機車風采。其實私人博物館的經營，必須仰賴商業收入來開闢財源，這是不能迴避的問題，這個鐵道博物館的操作模式值得參考。以下是該博物館的解說內容，從其官方網站節錄其重點如下：

蒸汽機車博覽園

　　鐵煤蒸汽機車博物館，為國家AAAA級旅遊景區，全國工業旅遊示範點，科普基地，是以蒸汽機車旅遊為主，工業礦井游、金文化遊為輔的特色旅遊品牌。占地1500平方米的蒸汽機車博覽園，濃縮了蒸汽機車的發展史，藏有很多蒸汽機車的珍貴圖片、零部件實物及機車模型。

　　鐵煤蒸汽機車博物館，現已成為蒸汽機車旅遊攝影基地、蒸汽機車文化交流傳播基地、旅遊蒸汽機車產品製作基地，並逐步成為蒸汽機車影視拍攝基地。人文豐碑演繹百年傳說，滄桑哲思彙聚五洲神往，請到煤城賞鐵龍神韻。

蒸汽機車陳列館

　　鐵煤蒸汽機車陳列館，位於遼寧省調兵山市曉明鎮，鐵煤集團鐵路運輸部，機車車輛修造公司機車車間廠區內。北與大青站毗鄰，

遼寧省調兵山，鐵煤蒸汽機車博覽園外觀。

鐵煤蒸汽機車博物館，該館的博物館網頁。

蒸汽機車博覽園裡面所展示的上游型蒸汽機車，與相關火車資料。

西與機務段相鄰。該陳列館於2005年8月正式建成，是在原有的蒸汽機車展覽廣場基礎上所建造的，它設計簡約、注重實效，占地面積達3000平方米，可陳列蒸汽機車20餘台，是遼北唯一的蒸汽機車陳列館。

　　現今館內收藏有國內外生產的蒸汽機車21台，多數為上游SY，並有珍貴的建設型JS，

僅存的躍進型YJ，以及動態保存的美國鳥KD6型，它機車型號編號名單如下：SY0063、SY0393、SY0435、SY0665、SY0860、SY0979、SY1147、SY1255、SY1412、SY1183、SY1683、SY1749、SY1769、SY1771、JS5029、KD6-487、YJ269、SY860、SY1772、SY1770。出廠時間從1943年到1999年不等。

蒸汽機車旅遊專案

景區的旅遊專案，有蒸汽機車拍照攝影、體驗駕駛、專列觀光、園館參觀，以及煤礦礦井游、金文化遊等。目前景區擁有蒸汽機車21台，並於橫跨三縣兩市，鐵煤沿線240公里的旅遊鐵道線路上運行。

1. 蒸汽機車拍照攝影，主要是在沿途和車站拍攝正在運行的機車或列車（含貨車、客車）。
2. 蒸汽機車體驗駕駛，主要是操縱指定的蒸汽機車（包括蒸汽小火車），由景區配備指導司機，教授簡單的蒸汽機車駕駛技術，然後客人自行駕駛。
3. 蒸汽機車專列觀光，指由遊客指定機車，牽引旅遊專列在沿線觀光攝影，機車可按遊客要求在指定地點停車，往復運動以利拍照。
4. 園館參觀，指參觀景區的機車陳列館、蒸汽機車博覽園。和機車檢修車間，蒸汽機車整備車間，及大修理車間，可讓您詳細瞭解蒸汽機車，日常生活供給和內部構造。

景區的旅遊專案，接受團體預約的客製化蒸汽機車行程。在調兵山火車站的月台上，四部蒸汽機車同時冒煙展演，果然令人心動不已。（遼寧火車頭國際旅行社，蒸汽機車旅遊手冊的廣告）

鐵煤集團蒸汽機車陳列館，與其他蒸汽機車陳列館及博物館相比，最大的特點就是這裡收藏的機車，多數都能夠上線運行，隨時整裝待發。這也正是吸引廣大蒸汽機車愛好者，到鐵煤蒸汽機車風景區，觀光遊覽的主要原因。在任何時間，接受團體預約的客製化蒸汽機車行程，歡迎您乘坐由館內的任意一台機車，牽引旅遊專列，在美麗的鐵法礦區觀光遊覽，親身試駕。

鐵煤蒸汽機車陳列館，本身是一個舊車庫，裡面陳列許多蒸汽機車。

由遼寧火車頭國際旅行社所承辦，鐵煤蒸汽機車博物館，推動的蒸汽機車動態旅遊手冊。

這是鐵煤集團鐵路，大青站的火車，仍然在運煤。鐵煤蒸汽機車博物館，就在大青站的後面。

鐵道的生物學分類　火車的車軸配置符號

火車的車軸配置有其專業術語，其編號規則，猶如生物學分類一般嚴謹。何謂2-6-2-T？4-6-2？代表什麼蒸氣火車，而Co-Co、Bo-Bo又有合涵義，以下的whyte-Notation華氏式別內容適用於本書I、II冊，讓您洞悉這群鐵道生物的奧秘！

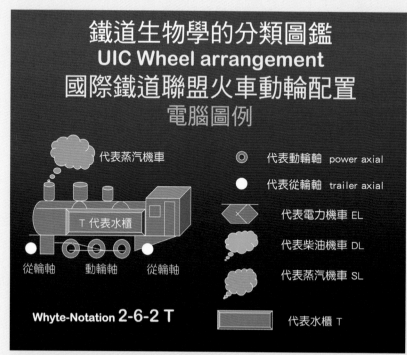

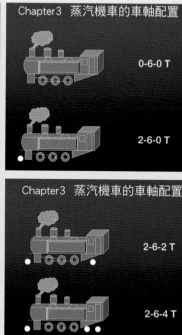

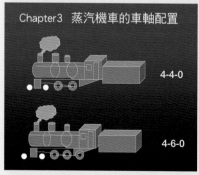

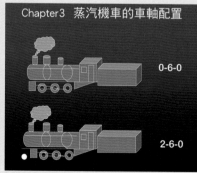

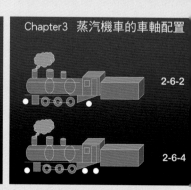

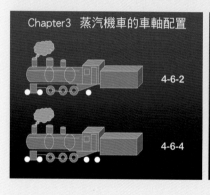

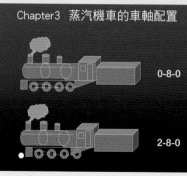

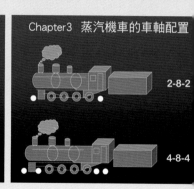

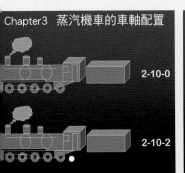

Chapter3 蒸汽機車的車軸配置

2-10-0

2-10-2

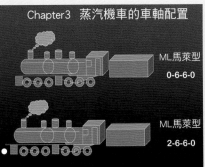

Chapter3 蒸汽機車的車軸配置

ML馬萊型
0-6-6-0

ML馬萊型
2-6-6-0

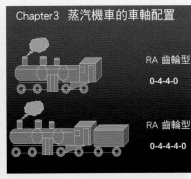

Chapter3 蒸汽機車的車軸配置

RA 齒輪型
0-4-4-0

RA 齒輪型
0-4-4-0

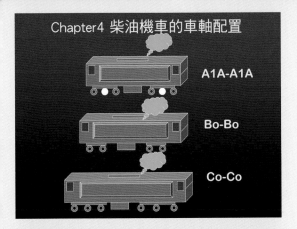

Chapter4 柴油機車的車軸配置

A1A-A1A

Bo-Bo

Co-Co

Chapter4 柴油機車的車軸配置

Bo-Bo +Bo-Bo

Co-Co +Co-Co

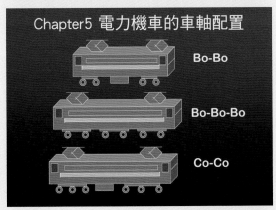

Chapter5 電力機車的車軸配置

Bo-Bo

Bo-Bo-Bo

Co-Co

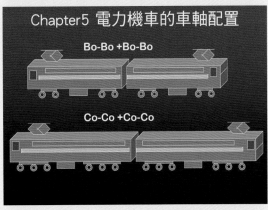

Chapter5 電力機車的車軸配置

Bo-Bo +Bo-Bo

Co-Co +Co-Co

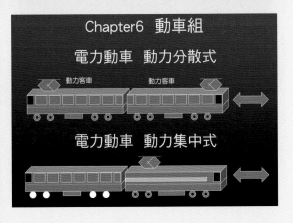

Chapter6 動車組

電力動車 動力分散式

動力客車　動力客車

電力動車 動力集中式

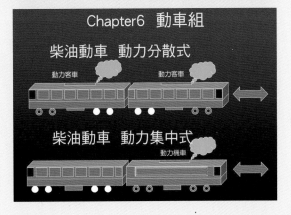

Chapter6 動車組

柴油動車 動力分散式

動力客車　動力客車

柴油動車 動力集中式

動力機車

國家圖書館出版品預行編目(CIP)資料

中國鐵道火車百科 II / 蘇昭旭作. -- 第一版. --
新北市：人人，2015.12
　冊；　公分

ISBN 978-986-461-028-0 (第2冊：平裝). --

1.鐵路史 2.火車 3.中國

557.258　　　　　　　104025357

【世界鐵道系列 26】

中國鐵道火車百科
第二冊

作者／蘇昭旭
書籍裝幀／許耀文
發行人／周元白
出版者／人人出版股份有限公司
地址／23145新北市新店區寶橋路235巷6弄6號7樓
電話／(02)2918-3366 (代表號)
傳真／(02)2914-0000
網址／www.jjp.com.tw
郵政劃撥帳號／16402311人人出版股份有限公司
製版印刷／長城製版印刷股份有限公司
電話／(02)2918-3366 (代表號)
經銷商／聯合發行股份有限公司
電話／(02)2917-8022
第一版第一刷／2015年12月
定價／新台幣650元